Albert Herrmann

Untersuchungen über das schottische Alexanderbuch

Albert Herrmann

Untersuchungen über das schottische Alexanderbuch

ISBN/EAN: 9783337202217

Hergestellt in Europa, USA, Kanada, Australien, Japan

Cover: Foto ©Thomas Meinert / pixelio.de

Weitere Bücher finden Sie auf **www.hansebooks.com**

Untersuchungen

über

das schottische Alexanderbuch

(„*The Buik of the most noble and vailzeand*
Conquerour Alexander the Great“).

INAUGURAL-DISSERTATION

ZUR

ERLANGUNG DER DOCTORWÜRDE

DER

HOHEN PHILOSOPHISCHEN FACULTÄT

DER

VEREINIGTEN FRIEDRICHS-UNIVERSITÄT

HALLE—WITTENBERG

VORGELEGT VON

ALBERT HERRMANN

AUS BERLIN.

HALLE A./S.

1893.

Dem Andenken meines Vaters.

Die Anregung zu dieser Arbeit ging von meinem hochverehrten Lehrer, Herrn Prof. Dr. Julius Zupitza, aus, welchem ich dafür sowie für sein mir während meines Studiums so vielfach bewiesenes Wohlwollen auch an dieser Stelle meinen aufrichtigsten, ehrerbietigsten Dank aussprechen möchte.

I.
Ueberlieferung.

Das schottische Alexanderbuch, „*The Buik of the most noble and vailʒeand Conquerour Alexander the Great*", ist uns handschriftlich nicht überliefert. Es wurde im Jahre 1580 in Edinburgh gedruckt [cf. Dictionary of National Biography, Bd. II, p. 61]. Die Devise des Druckers, ein Pelikan, der sich die Brust aufreisst und den Hunger der Jungen mit seinem Herzblute stillt, zeigt die Doppelumschrift: „*Pro lege, rege et grege.* — *Love kepyth the lawe, obeyeth the Kynge and is good to the Commen Welthe*", daneben zu beiden Seiten die allegorischen Figuren „*Prudencia*" und „*Justicia*", und trägt den Namen des *Alexander Arbuthnet*, desselben, welcher ein Jahr vorher im Verein mit Bassandyne die erste in Schottland gedruckte Bibel fertiggestellt hatte. Er starb, wie aus der im Bannatyne Myscellany vol. II 1836, p. 207 f. veröffentlichten gerichtlichen Aufnahme seiner Hinterlassenschaft hervorgeht, am 1. September 1585. Ueber Aussprache und Schreibung des in Schottland nicht seltenen Namens Arbuthnot oder Arbuthnet vgl. George A. A. Aitken, „The Life and Works of John Arbuthnot" Oxford, Clarendon Press 1892, p. 19 f. und dazu Kölbing, Engl. Studien Bd. XVII p. 424.

Der Drucker des Alexanderbuches ist keineswegs zu identificieren mit seinem gleichnamigen Zeitgenossen, dem Dichter Alexander Arbuthnot (1538-1583, cf. Dict. of Nat. Biogr. II 59 f. und David Irving, „The History of Scotish Poetry" pp. 427-436), wie dies in irrtümlicher Weise Ward thut, wenn er im „Catalogue of Romances in the Department of Mss. in the British Museum" London 1883, vol. I p. 149 unserm Drucker das Attribut „himself known as a poet" zuerteilt und gleichzeitig auf Irving, a. a. O. pp. 427-436 hinweist.

Von dem, soweit bekannt, einzigen noch vorhandenen und im Besitz des Hon. W. Ramsay Maule of Panmure befindlichen Exemplar des Arbuthnetschen Druckes wurde für den Bannatyne Club auf Kosten von William Henry Miller of Craigentinny Esq. ein Neudruck veranstaltet, der auf dem Titelblatt die Jahreszahl 1831 trägt, aber erst im Jahre 1834 herausgegeben wurde unter dem Titel: „*The Buik of the most noble and vailzeand Conquerour Alexander the Great*". Dieser Neudruck, welcher, der Mitgliederzahl des Clubs entsprechend, in einer Auflage von nur 100 Exemplaren hergestellt wurde und weder Einleitung noch Kommentar, sondern nur den blossen Text enthält, liegt den folgenden Untersuchungen zu Grunde.

Vorher hatte schon Henry Weber, Metrical Romances, Edinburgh 1810, Bd. I, Introduction p. XXXI auf das noch erhaltene Exemplar des Arbuthnetschen Druckes aufmerksam gemacht und als Appendix seiner Einleitung pp. LXXIH-LXXXVII eine Analyse davon gegeben, wobei er sich jedoch, da es ihm nicht gelang, das Original zu Gesicht zu bekommen, mit der Veröffentlichung einer Inhaltsangabe begnügen musste, „which was made some years ago by a friend, without any view of its being published" (p. LXXIII. Anmerkung). Die hierbei angeführten Citate, welche manche Ungenauigkeiten, einige sinnentstellende Fehler und vielfache Modernisierung der Schreibweise enthalten, finden sich in dem späteren Neudruck des Denkmals für den Bannatyne Club auf pp. 1, 1-8 ; 67, 8-24 ; 91, 16-31 ; 159, 21-160, 8 ; 161, 6-8 ; 175, 25-176, 12 ; 183, 23-24 ; 192, 12-30 ; 207, 1-6, 15-26 ; 248, 16-25 ; 250, 19-20 ; 252, 20-25 ; 254, 6-8 ; 263, 31 ; 269, 17-20 ; 285, 19-25 ; 350, 22-27, 30-32 ; 441, 21-31 ; 442, 18-30.

II.

Quellen.

Das schottische Alexanderbuch (B. A.) giebt uns nicht, wie die übrigen uns erhaltenen me. Denkmäler, die von Alexander dem Grossen handeln, eine Lebensbeschreibung dieses sagenumwobenen Königs, sondern es enthält zwei an sich selbständige Dichtungen, die zwar vom Gebiete der Alexandersage ausgehen, in denen jedoch der macedonische König keineswegs die Hauptrolle spielt. Es ist in drei Teile gegliedert:

I. *The Forray of Gadderis* pp. 1-105.

II. *The Avowes of Alexander* pp. 107-351.

III. *The great Battel of Effesoun* pp. 353-442.

Während Teil I für sich allein steht und weder Einleitung noch Schluss hat, bilden II und III inhaltlich ein eng zusammenhängendes Ganzes, was auch schon äusserlich dadurch hervortritt, dass der Dichter an den Anfang von II eine von ihm selbständig verfasste Einleitung (p. 107, 1-28) und an das Ende von III desgleichen einen entsprechenden Schluss (pp. 441, 21-442, 30) gesetzt hat. Dass I von demselben Dichter herrührt wie II und III, darüber kann bei der gänzlichen Uebereinstimmung in lautlicher und stilistischer Beziehung kein Zweifel sein; ob aber I mit II und III bereits vom Dichter oder erst von Arbuthnet, dem Drucker, als „*The Buik of the most noble and vailzeand Conquerour Alexander the Great*" vereinigt worden, lässt sich nicht sicher entscheiden.

Was nun die Quellen des B. A. anbetrifft, so bezeichnet es Lowndes, „The Bibliographer's Manual of English Literature", London 1864, vol. I p. 28 fälschlich als schottische Uebersetzung des von Weber a. a. O. vol. I edierten, hauptsächlich auf Thmoas

von Kent beruhenden „Kyng Alisaunder". Mit diesem Werke hat
jedoch das B. A. inhaltlich durchaus nichts gemein. Vielmehr ist
es direkt aus dem Frz. übersetzt worden, wie der Dichter selbst
verschiedentlich ausspricht:

> *For to translait in Inglis leid*
> *Ane romains quilk that I hard reid.* 107, 21 f.
> *To short thame that na Romanes can,*
> *This buke to translait I began*
> *And as I can, I maid ending.* 441, 21 ff.

Romanes bezeichnet hier wie überhaupt im Me. die fran-
zösische Sprache, cf. „The Sowdone of Babylone", ed. Hausknecht,
E. E. T. S. 1881, Anm. zu p. 2, l. 25.

Weiter unten spricht dann der Dichter von seinem Be-
streben,

> *To follow that in franche I fand writtin,*
> ferner *To mak it on sa gude manere,*
> *Sa 'oppin sentence and sa clere*
> *As is the frenche.*

Im Teil I kommt ein Hinweis auf eine vorliegende Quelle
nicht vor, wenn wir von der beliebten Füllphrase *As I hard say*
(p. 5, 1; 6,30) absehen.

Wie Ward a. a. O. p. 149 richtig bemerkt, ist die fran-
zösische Grundlage des B. A. für I: „Le Fuerre de Gadres", für
II und III: „Les Vœux du Paon".

a. The Forray of Gadderis.

Dass der afrz. „Fuerre de Gadres" ursprünglich ein selb-
ständiges, von einem sonst unbekannten Eustache frei erfundenes
Werk war, welches erst später, wahrscheinlich von Alexandre de
Paris, in den grossen Alexanderroman eingeschoben ward, hat
P. Meyer in seinem Werke „Alexandre le Grand dans la Littérature
française du Moyen Age", vol. II pp. 239-243 gezeigt. Ebenderselbe hat
auch am Schlusse seiner „Étude sur les mss. du Roman d'Alex-
andre" (Romania XI 327 ff.)ein in Italien aufgefundenes lateinisches
Fragment aus dem 14. Jahrhundert veröffentlicht, das denselben
Gegenstand behandelt.

Die Hss., welche uns den „Fuerre de Gadres" überliefern,
enthalten ihn entweder allein, so V (Oxford, ms. Bodl. Hatton 67,

cf. Romania XI 317 f.), oder zusammen mit „Les Vœux du Paon“,
wie U (Paris, Bibl. nat. fr. 12567, cf. Rom. XI 317), oder endlich
als zweite Branche in den grossen Roman eingeschaltet, wie die
Hss. P (Oxford, Bodl. 264), F (Parma, Bibl. nazionale 1206) und
die Hss. C, D, E, G, H, I, J, K. L, M, N, O, Q, R; S und T
(sämtlich in Paris, Bibl. nat. fr. 15095, 15094, 787, 25517, 786,
375, 24366, 792, 789, 24365, 791, 1375, 790, 368, 1590, 1635). Cf.
Romania XI 250-316. — Von allen diesen Hss. liegt nur H gedruckt
vor und zwar in der Ausgabe von Heinrich Michelant, „Li Romans
d'Alixandre“, Stuttgart 1846. Hierin entsprechen pp. 93, 1-190,9
(überschrieben „Assaut de Tyr“, „Combat de Perdicas et d'Akin“,
„Combat du pauvre Désarmé“, „Mort de Ginohocet“) dem ersten
Teile des B. A., während das fälschlich mit „Fuerre de Gadres“
bezeichnete Kapitel pp. 459-483 von der Eroberung Chaldäas
handelt. Die schottische Uebersetzung enthält also nur den frz.
„Fuerre de Gadres“ im engeren Sinne des Wortes, da sie mit
dem Tode Gaudifers, der Flucht des Betys und der Lagerung des
macedonischen Heeres abschliesst, während im Frz. dieser Teil
der Alexandersage bis zur Erstürmung von Gaza fortgeführt ist.
Es folgt hier (Mich. pp. 190,10-231) zunächst der Angriff des duc
de Naman, durch welchen Emynedus noch einmal in die gleiche
Not gerät wie zu Anfang der Episode, bis er nach langem Bitten
endlich jemand findet, der Alexander zur Hilfe herbeiholt; der
König giebt die Verfolgung des Betis auf, wendet sich gegen
Naman und tötet ihn, belagert Gaza, erstürmt dann erst Tyrus,
darauf Araine und zuletzt Gaza, worauf er sich nach Ascalon
begiebt.

Die bei Michelant gegebene, übrigens recht verderbte und
von zahlreichen Interpolationen durchsetzte Version des „Fuerre
de Gadres“ ist nicht diejenige, welche dem schottischen Uebersetzer vorlag, da sie von dem Texte des B. A. in vielen Punkten,
manchmal sogar recht erheblich, abweicht. Zunächst ist schon
die Reihenfolge der einzelnen Tiraden, welche bei der losen, epi-
sodenhaften Aneinanderreihung so zahlreicher Einzelkämpfe er-
klärlicherweise in den verschiedenen Hss. überhaupt sehr variiert
(cf. Romania XI 318 oben), hier eine ganz andere wie dort, so
dass nur in wenigen Fällen die Aufeinanderfolge der Ereignisse
bei beiden mehrere Seiten hindurch übereinstimmt. Das erkennen

wir aufs deutlichste, wenn wir im folgenden die einzelnen Abschnitte des B. A. der Reihe nach mit den ihnen grösstenteils wortgetreu entsprechenden Stellen aus Michelants Ausgabe zusammenstellen.

B. A.	Mich.
pp. 1,1 — 2,24	93,1 — 94,3
2,25 — 11,5	94,37 — 99,18
11,6 — 14,7	99,32 — 101,21
14,8 — 14,23	— — —
14,24 — 17,5	101,22 — 102,36
17,6 — 19,13	103,32 — 105,11
19,14 — 21,21	107,31 — 109,5
21,22 — 25,29	105,26 — 107,30
25,30 — 26,20	105,12 — 105,25
26,21 — 31,12	109,10 — 111,25
31,13 — 32,16	121,13 — 122,14
32,17 — 33,16	120,22 — 121,12
33,17 — 35,4	115,16 — 116,14
35,5 — 36,16	123,1 — 124,16
36,17 — 36,30	115,5 — 115,15
36,31 — 37,26	113,16 — 114,2
37,27 — 38,13	114,17 — 26,34 — 37
38,14 — 38,27	122,15 — 122,34
38,28 — 41,14	148,1 — 149,30
41,15 — 44,3	131,16 — 134,15
44,4 — 49,25	135,37 — 140,8
49,26 — 51,19	116,15 — 117,23
51,20 — 52,1	118,16 — 118,22
52,2 — 53,7	146,11 — 147,5
53,8 — 55,7	119,10 — 120,17
55,8 — 61,23	124,17 — 129,2
61,24 — 62,27	130,30 — 131,15
62,28 — 63,15	— — —
63,16 — 64,27	143,29 — 144,16, 30 — 33; 145,1 — 13.
64,28 — 65,17	— — —
65,18 — 66,31	150,1 — 150,26
67,1 — 67,31	— — —

B. A.	Mich.
67,32 — 69,25	151,1 —152,3
69,26 — 70,10	——
70,11 — 70,16	153,12; 152,4—6
70,17 — 73,2	153,14—154,33
73,3 — 75,2	164,11—166,3
75,3 — 76,6	163,9 - 164,10
76,7 — 83,6	154,36—160,5
83,7 — 87,25	167,21—171,5
87,24 — 99,22	171,23—179,24
99,23 — 103,21	182,6 —184,29
103,22 — 104,31	188,1 —189,3
105,1 — 105,7	190,1 —190,9

Abgesehen von dieser grossen Verschiedenheit in der Anordnung und Aneinanderreihung der einzelnen Geschehnisse sind auch in inhaltlicher Beziehung manche Abweichungen zwischen den angeführten Parallelstellen zu beobachten. Die Zahlenangaben, vor allem aber die Eigennamen sind vielfach andere, z. B. *Bassanor* B. A. 5,7: *Luisianor* Mich. 96,21. — *Tholomere* B. A. 10,13: *Aristote* Mich. 99,9. — *Ingramound* B. A. 33,2: *Mustamar* Mich. 121,1. — *Amer* B. A. 35,19: *Aquin* Mich. 123,15. — *Aradas* B. A. 38,20: *Maudras* Mich. 122,24. — *Guy Marmaduke of Affrike* B. A. 55,20; 74,23: *Ginohocet, le frere Maumacor* Mich. 124,27; 165,35. — *Arundale* B. A. 73,13: *Castelain* Mich. 164,25 u. a. m.

Die Wiedererkennung zwischen Emynedus und Pyrrus mitten im Kampfgetümmel (B. A. 38,30—41,14) wird zwar bei Mich. 148,1—149,30 genau iu der gleichen Weise geschildert, jedoch tritt hier Corineus an die Stelle von Pyrrus. Die Antwort des Antigonus (B. A. 15,4—15,15) weicht in ihrem Wortlaut beträchtlich von Mich. 101,31—101,37 ab. Auch ist die Schilderung bei letzterem oft weit ausführlicher als die entsprechende Stelle im B. A. Seltener ist das Umgekehrte der Fall, wie bei den erweiternden Zusätzen im B. A. 10,16—19; 13,8—11; 41,1—6; 45,28—31; 51,28—52,1; 52,8—14; 54,17—21; 72,31—73,2; 75,1—2, welche sich bei Mich. nicht nden. Auch die wenigen als Ueberschriften dienenden Reimpaare im B. A. 7,19 f; 38,28 f; 66,10 f fehlen im Französischen. Ausserdem vermissen wir in Michelants Ausgabe folgende längere Stellen des B. A:

14,8—23: Emynedus weist die Zumutung, er solle selbst
zu Alexander gehen, zurück.

62,28—63,15: Betys bedrängt die Griechen; Emynedus verwundet Gaudifer.

64,28—65,17: Gaudifer verbindet seine Wunden, erschlägt
einen Griechen. Emynedus tötet auch einen Gegner, muss
aber mit den Seinen der zehnfachen Uebermacht weichen.

67,1—67,31: Emynedus gemahnt den schwer verwundeten
Arreste an sein Versprechen. (Anstatt dessen geht bei
Mich. 150, 27—35 Arreste aus Mitleid mit den Seinen
ohne diese erneute Aufforderung zu Alexander.)

69,26—70,1: Von Emynedus angespornt, halten die Seinen
wacker bis zur Ankunft des Königs aus.

In weit grösserer Anzahl enthält andrerseits der von
Michelant edierte Text Ereignisse, welche das B. A. nicht bietet,
so pp. 94,4—36; 103,1—31; 99,19—31; 111,26—113,15; 114,3—
114,16; 114,27—33; 117,24—118,15; 118,23—119,9; 129,3—130,29;
134,16—135,36; 140,9—143,28; 145,14—146,10; 149,31—37;
150,27—35; 152,7—153,13; 160,6—163,8; 166,4—167,20; 171,6—22;
180,1 — 182,5; 184,30 — 187,37; 189,4 — 189,36. — Die
wesentlichsten Züge, welche diese Stellen dem Inhalte des
B. A. noch hinzufügen, sind ausser der Schilderung einiger Waffen-
thaten und Einzelkämpfe noch die folgenden: Alexander bittet in
längerer Rede Emynedus nach Josaphat aufzubrechen. Emynedus
erhält auch von seinem Neffen Aiglente eine abschlägige Antwort.
Alexander bittet vergeblich den schwer verwundet zu ihm ge-
kommenen Arreste, ihn nicht zu Emynedus zurückzubegleiten.
Gaudifer lehnt Alexanders Aufforderung, die Sache des Betis auf-
zugeben, entschieden ab. Ein Ritter rät Betis zur Flucht.
Lycanor erschlägt Ginohocet. Ein Greis verkündet dem macedonischen Könige, die Verfolgung des Betis würde fruchtlos sein,
und so wird dieselbe aufgegeben. Gaudifer ist nicht, wie im B. A.,
auf der Stelle tot, sondern kommt noch einmal zu sich, und als
Emynedus und Tholomere einander die Ehre ihn gefangen genommen zu haben streitig machen, ergiebt er sich dem ersteren,
wird mit ihm und Lycanor von Alexanders Arzt gepflegt, stirbt
aber schliesslich an seinen Wunden, nachdem er vom König und
den „douzepers" zuvor noch Abschied genommen hat.

Die Erzählung von dem Fouragierungszug der 700 Mannen
Alexanders nach dem Thale Josaphat scheint übrigens im Norden
Englands recht bekannt und beliebt gewesen zu sein. Schon der
älteste schottische Nationaldichter, John Barbour, kannte, wie den
frz. Alexanderroman des Lambert li Tors und Alexandre de Bernai
überhaupt, so auch den eingefügten „Fuerre de Gadres". (Cf. Skeat,
Ausgabe des „Bruce" für die E. E. T. S. Anmerkung zu v. 73, pp.
556,612.) Er vergleicht in ausführlicher Weise in seinem „Bruce"
III 73—87 den Rückzug seines Helden mit demjenigen des Gaudifer de Larys und erzählt, wie Herzog Betys in Gadyrres die
„forrayours" angegriffen habe, aber durch Alexanders Ankunft
zum Weichen gebracht worden sei; wie dann Gaudifer alleiu den
Rückzug der Seinen aufs tapferste gedeckt, wie er Tholimar,
Coneus und andere niedergeschlagen habe und dann endlich selbst
gefallen sei. Doch irrt wohl Skeat (und vor ihm schon Jamieson,
„Barbour's Bruce" 1820, p. 434, Anm. zu II 468), wenn er pp. 556
und 612, Anm. zu III 73 sagt, unter diesem Coneus sei der
Caulus oder Calnu des frz. Textes zu verstehen; vielmehr ist da-
mit, was ja dem Worte nach auch mindestens ebenso nahe liegt,
Corneus oder Corineus gemeint; denn dieser und nicht Caulus
wird von Gaudifer niedergeworfen (vgl. Mich. 172,14 ff. B. A.
88,29 ff). Zudem bietet auch die von Skeat angeführte Variante
H die Form Corneus statt Coneus.

In ähnlicher Weise wie Barbour zieht etwa ein Jahrhundert
später auch Henry the Minstrel (Blind Harry) in seinem „Wallace"
die Person des Gaudifer und den „Fuerre de Gadres" zum Vergleiche heran. Hier heisst es (ed. Jamieson 1820, Book X 341 ff):

Sic a flear before was nevir seyn:
Nocht at Gadderis, off Gawdifer the keyn,
Quhen Alexander reskewed the foryouris
Micht till him be comperd in tha houris.

Endlich findet sich der „Forray of Gadderis" ausser im
B. A. auch noch innerhalb des im Norden entstandenen allitte-
rierenden me. Gedichtes „The Wars of Alexander" (ed. Skeat,
E. E. T. S. 1886), wenn auch in sehr verkürzter Form. Hier,
vv. 1194—1336, bildet die Quelle eine erweiterte Fassung der
„Historia Alexandri Magni regis Macedonii de proeliis", wie Henne-

mann, „Wars of Alexander", Berl. Diss. 1889, p. 45 ff, gezeigt
hat. Emynedus heisst hier Meleager, Betis Bytirus.

b. *The Avowis of Alexander.*
The Great Battel of Effesoun.

Der zweite und dritte Teil des B. A. bilden eine Uebersetzung des afrz. Gedichtes „Les Vœux du Paon", seltener auch
„Li Romans de Cassamus" betitelt. Dasselbe steht mit der eigentlichen Alexandersage nur im losesten Zusammenhange. Es wurde
von Jacques de Longuyon frei erfunden und zwar auf den Wunsch
des Herzogs Thibaut II von Lothringen (1304—1312), der jedoch
die Vollendung des Werkes nicht mehr erlebte (vgl. P. Meyer,
Bd. II. 268 ff). Welcher Beliebtheit es sich im Mittelalter er-
freute, davon zeugt ebensosehr die Thatsache, dass es gar bald
Nachnahmer und Fortsetzer fand (so verfasste Brisebarre gegen
1330 „Le Restor du Paon" und nach ihm, im Jahre 1340, Jean
de le Mote „Le Parfait du Paon"), wie auch die grosse Zahl der
Hss., durch welche es vervielfältigt wurde. Vgl. P. Meyer, Bd. II
268: Peu de poèmes du moyen âge ont obtenu un succès compar-
able à celui des Vœux du Paon. J'en connais une trentaine de
copies. — Da der Inhalt des Gedichtes sich unmittelbar an die
Einnahme Dedefurs und den Tod des Herzogs Melcis anschliesst,
so findet es sich teils mit den Fortsetzungen von Jean Brisebarre
und Jean de le Mote, teils ohne dieselben an dieser Stelle bisweilen trotz seiner Länge in den Alexanderroman eingefügt,
häufiger jedoch diesem nachgestellt oder ganz für sich allein überliefert. Cf. P. Meyer, Bd. II 268 ff, 221 f; Romania XI 247 ff.

Leider ist bisher weder ein kritischer Text noch eine der
vielen Hss. der „Vœux du Paon" herausgegeben worden. Eine
kurze Analyse des frz. Gedichtes giebt Ward a. a. O. p. 146 f
nach dem Additional Ms. 19956 im British Museum. Hier schliesst
das Gedicht mit einer fünffachen Heirat; es vermählen sich Gadifer
und Lydoine, Betis und Ydorus, Porrus und Fezonie, Cassiel und
Edea, Marcien und Eliot, während dem schottischen Uebersetzer
eine Version vorlag, welche, wie z. B. die mss. Additional 30864
und 16888 (cf. Ward p. 926), zum Schlusse nur drei Paare ver-
einte, Porrus und Fezonas, Cassiel und Ideas, Betys und Ydorus.
In den frz. Hss. ist das Gedicht vielfach in drei Teile zer-

gliedert, von denen I bis zur Gefangennahme des Porrus reicht, II die Ablegung und III die Erfüllung der Gelübde enthält (Ward p. 150). Statt dieser Einteilung finden wir bei Arbuthnet das Werk als Teil II und III des B. A. in zwei Teile getrennt, deren erster den ganz und gar unpassenden Titel „*The Avowis of Alexander*" trägt, während der letztere, ungleich kürzere „*The Great Battel of Effesoun*" überschrieben ist.

Wie schon bemerkt, haben die „Vœux du Paon" noch keinen Herausgeber gefunden; doch sind an verschiedenen Stellen aus verschiedenen Hss. einige Citate von diesem Gedichte mitgeteilt, so z. B. Romania, XI 296, 304, 310; Dinaux, Trouvères brabançons, 393 f; Ward a. a. O. 148, 150 ff, 154 ff, 927; M. Barack, Catalogue des mss. de la Bibl. princière de Donaueschingen, Tübingen 1865, Nr. 168. Diesen Citaten entsprechen im B. A. die Stellen pp. 107,29—108,11; 132,12—15; 151,27—31; 248,12—15; 248,16—29; 254,17—20; 259,15—17; 276,12—19; 441,10—20. — Endlich hat noch Francisque Michel 1838 in seiner Ausgabe von Benoits „Chronique des Ducs de Normandie" Bd. II p. 514 ff anmerkungsweise 188 Verse aus der Hs. P abgedruckt, welche wir im B. A. 207,1—214,16 in recht wortgetreuer Uebersetzung wiedergegeben finden.

III.
Verfasser und Stil.

Wer der Verfasser des B. A. gewesen sei, ist nicht bekannt.
Wir wissen über ihn nur das, was er selbst von sich am Schlusse
seines Werkes sagt, dass er nämlich zur Kurzweil derer, die kein
Französisch verständen, das vorliegende Buch zu übersetzen be-
gonnen, und dass er zur Vollendung dieser Arbeit sieben Jahre
gebraucht habe. Als den Zeitpunkt, an welchem er mit der Uebersetzung fertig geworden, giebt er selbst das Jahr 1438 an:

> *Before the tyme that God was borne,*
> *To save our saullis that was forlorne;*
> *Sensyne is past ane thousand zeir,*
> *Four hundreth and threttie thairto neir*
> *And aucht and sumdele mare, 1 wis.*"

Auf Originalität macht er keinen Anspruch, ist vielmehr,
wie er auch am Schlusse des Buches hervorhebt, eifrig bemüht,
seiner Vorlage aufs genaueste zu folgen. Dabei ist er bescheiden
genug, um zuzugestehen, so sehr er sich auch befleissigt habe
seine Uebersetzung der französischen Quelle ebenbürtig zu machen,
sei ihm dies vielleicht doch misslungen:

> "*Forthy my wit was nocht travalit*
> *To mak it sa, for I na couth,*
> *Bot said furth, as me come to mouth,*
> *And as 1 said, richt sa I wrait.*
> *Thairfoir richt wonder weill I wait,*
> *And it hes faltis monyfald,*
> *Quhairfoir I pray baith zoung and ald*

That zarnis this romanis for to reid,
For to amend, quhair I miszeid".

In der vom Verfasser selbständig gedichteten, recht stimmungsvoll geschriebenen Einleitung zu Teil II schildert er uns (in ähnlicher Weise, wie der Dichter des ebenfalls in Schottland entstandenen „Lancelot of the Laik" sein Werk beginnt), wie inmitten der fröhlichen Pracht der neuerwachenden Natur er allein, von Liebeskummer bedrückt, traurig einhergehe, und wie er deshalb die Uebersetzung der französischen Romanze beginne, um darüber seinen Schmerz zu vergessen.

Seine Darstellung ist im allgemeinen klar und verständlich, bewegt sich freilich ganz in dem Geleise der me. Romanzendichtung mit ihrem unerschöpflichen Vorrat von formelhaften, oft nichtssagenden Redewendungen, die meist nur dem Reim oder Metrum zu Liebe angewandt werden. Von diesem ganzen Apparate feststehender Phrasen und Redefloskeln, wie sie im Me. gäng und gäbe waren (cf. Zielke, Sir Orfeo, p. 6 ff), macht er einen um so ausgedehnteren Gebrauch, als er ja nicht nur Verse machen, sondern sich gleichzeitig auch eng an die frz. Vorlage halten will, sich also in doppelter Zwangslage befindet. Diesem Umstande ist wohl die im B. A. zu beobachtende ausserordentliche Vorliebe für die Verknüpfung synonymer, oft durch Allitteration verbundener Wörter zuzuschreiben, die in der Regel einen und denselben Begriff vertreten. Beispiele für diese stilistische Erscheinung finden sich weiter unten bei Behandlung der Allitteration angeführt. Andrerseits drückt der Dichter die Gesamtheit eines Begriffes gern durch die Zusammenstellung zweier Extreme aus. Derartige Paarung von Gegensätzen haben wir z. B. in folgenden, sehr häufig wiederkehrenden Wendungen: *great and small* 138,25; *mekill and lytill* 414,23; *les and mare* 87,5; *mare and min* 409,4; *baith auld and zing* 324,7; *gud and ill* 167,12; *better and wors* 392,23; *pour na rike* 415,16; *straunge and preve* 347,27; *all baith ane and uthir* 344,3; *baith men and page* 322,27; *men or wyf* 335,7; *knaif and knicht* 57,6; *loud or still* 134,29 (cf. Zupitza, Anm. zu Guy 792); *in apert and prevelly* 382,5; *in ernest and play* 212,32; *far and neir* 201,18 (cf. Zupitza, Guy 1704); *baith hyne and heir* 331,30; *heir and thair* 359,25; *in peax and were* 119,17; *be evin or morn* 128,11; *nicht and day* 168,32; *for weill or wa* 220,27; *for lufe or threat* 419,28; *the Goddis of sey and land* 300,2; *nouthir ʒe nor nay* 337,8; *to serve with fute and hand* 119,15: *body and hart* 305,31; *in deid and saw* 41,17; *in word or deid* 214,2; *baith dede and thocht* 205,20; *with deid and will* 183,30.

Fast lediglich zur Herstellung des Reimes oder zur Füllung des Verses dient der typisch wiederkehrende, besonders als Ergänzung adjektivischer Begriffe pleonastisch gebrauchte Infinitiv, der nicht selten gleichzeitig mit dem Vorhergehenden durch Allitteration verbunden ist: *The mischeif was to great to feill* 29,5; *fare to feill* 155,5; *fell to feill* 230,18; *sharpe to feill* 136,1; *sture and stith to feill* 115,31 (ähnlich 246,19); *stalwart to stand* 175,27; *schairp to schere* 353,10; *hard to sheir* 137,3; *great to se* 200,10; *gude to se* 48,18; *fare to se* 239,12; *hard for to se* 223,13; *fare to se with sicht* 207,26; *stout visage to se be licht* 329,10; *to perfurneis perillous* 276,17; *This was richt hard to tak on hand* 184,26; *forsy in feild to fecht* 196,18; *stark and fresch to fecht* 226,32; *large and forssy for to ficht* 258,29; *bald to fecht* 329,9; *armit evill to fecht* 362,19; *that is to say fare and gent* 134,12; *ferly was to say* 60,9; *it war wundir for to tell* 34,16; *I have helm and sheild to schaw* 124,31; *And hes bot few hors on to fecht* 196,32; *The outtragious worsheip that God hes geven ʒow to keip* 258,30; *And for to keip hes sik lordship* 296,3.

Ueber ähnliche Fälle eines epexegetischen Infinitivs im Ne. vergl. Zupitza in Herrigs Archiv, Bd. 84, pp. 117—122.

Noch weit ausgiebigeren Gebrauch macht der Dichter von solchen Flickwörtern, deren ursprünglicher Sinn „schnell", „sofort" ist, die aber in den meisten Fällen in ganz verblasster Bedeutung nur aus Reimnot zur Anwendung kommen, sich daher im Versinnern verhältnismässig sehr selten finden. Solcher Ausdrücke steht ihm eine sehr grosse Anzahl zu Gebote. Wir finden

a) positiv: *raith* 130,11; *full raith* 140,13; *swith* 39,21; *allswith* 43,17; *sone* 122,2; *assone* 121,3; *tit* 172,23; *alltyte* 6,7; *alstyte* 437,9 (cf. Zupitza, Guy 1343); *fast* 324,20; *full hait* 432,13; *fute hait* 150,1 (cf. Zupitza, Guy 1049); *on ane* 103,11; *sone on ane* 399,12; *bedene* 143,11 (cf. Zupitza, Guy 2408); *belyve* 24,20; *deliverly* 46,7; *hastely* 4,2; *richt hastely* 64,25; *in hy* 4,23; *in (into) great hy* 17,29; 16,6; *in full great hy* 15,2; *sone in hy* 196,14; *in haist* 440,21;

in ane randoun 2,28; *in ane randoun richt* 101,15; *into a thrawe* 3,24 (cf. Zupitza, Guy 1655); *within ane space* 231,24; *within ane lytill space* 412,5; *gude speid* 214,16; *weill gude speid* 46,27 (cf. Zupitza, Guy 1876); *(with) full gude speid* 117,15; 430,25; *with gude speid* 241,15.

b) negativ: *but bade* 144,3; *but langer baid* 386,21; *but abaid* 86,11; *but mare abade* 76,6; *forouttin (but, withoutin) let* 196,12; 121,18; 113,4 (cf. Zupitza, Guy 175); *but baid or langer let* 316,23; *but (withoutin) mare letting* 437,18; 94,13; *but stinting* 129,31; *but langer stint* 389,1; *but sojorning* 25,21; *but mare dwelling* 420,1; *forouttin rest* 216,12; *foroutin frist* 361,24; *withouttin (foroutin) ma* 128,3; 283,13; *forouttin (withoutin) mare* 282,30; 120,27 (cf. Zupitza, Guy 719.); *foroutin (withoutin, without) hone* 251,8; 179,28; 241,23; *without langer hone* 58,9; *but (without) delay* 337,26; 124,25 (cf. Zupitza, Guy 1902); *withoutin mare delay* 94,21. — Durch einen Temporalsatz umschrieben: *Or he stint* 111,28; *or he wald stynt* 131,11; *or I rest* 326,11; *or he wald rest* 361,25.

Auch die nicht minder zahlreich vorhandenen Versicherungs-formeln im B. A. dienen hauptsächlich als Füll- und Reimmatorial und erscheinen in der weit überwiegenden Mehrzahl der Fälle ebenfalls am Schlusse des Verses. Wir unterscheiden hier:

A. Adverbialbestimmungen.

a) positiv: *certis* 17,27; *for certis* 166,11; *in (into) certane* 271,30; 378,4; *certanely* 175,8; *sickerly* 7,29 (cf. Zupitza, Guy 1684); *werraly* 22,17; *trewlie* 14,4; *suirly* 77,30; *forsuith* 48,7; *suthlie* 39,5; *suthfastly* 212,19; *witterly* 166,11 (cf. Zupitza, Guy 1008).

b) negativ: *but (forouttin) dout* 64,15; 15,17 (cf. Zupitza, Guy 3996); *but (forouttin, withoutin) wene* 128,18; 40,16; 95,6; *without (withoutin, foroutin, but) weir* 71,15; 38,18; 227,16; 16,17; *but (foroutin, forout, without) lesing* 96,9; 278,15; 305,31; 103,14 (cf. Zupitza, Guy 550); *withoutin leis* 51,12; *foroutin (withoutin, but, na) fail (failȝe)* 87,13; 129,11; 142,16; 7,17 (cf. Zupitza, Guy 465).

B. Inflnitivsätze.

Forout lesing to say schortly 402,12; *suth to say* 80,29; *suthly (for) to say* 34,24; 65,18; *to say (the) suth* 63,19; 411,13; *to wis* 304,31; *wele to wis* 331,27.

C. Hauptsätze.

I hecht 19,32; *I het* 204,27; *suthly I hecht* 183,18; *forsuth I hicht* 48,7; *I undirta (undirtake)* 15,19; 13,9; *I tak on hand* 35,28; *I trow* 63,31; *I trow perfay* 84,11; *I hald* 215,15; *I say* 131,1; *say I* 93,6; *bot this I say* 163,9; *I undirstand* 183,3; *I weyn* 220,1; *I wis (ae. gewis)* 10,5; *richt weill I wait* 141,16 (cf. Zupitza, Guy 1948); *I wat richt wele it is but were* 169,32; *That wait I weill* 340,2; *I wait it without lesing* 103,14; *I dar swere and for suth hald* 403,31; *Certis I dar say* 332,7; *I dar weill say* 96,2; *That I dar say* 11,4; *sikkerly I dar weill say* 80,7; *That dar I say and hald my tale* 275,11; *For this I dar weill say I wis* 163,29; *I may weill say but lesing* 96,9; *(that) wit ʒe weill* 135.32; 59,13; *that wit ʒe weill witterly* 301,25; *wit ʒe witterly* 78,10; *wit ʒe but weir* 79,4; *I warne ʒow (weill)* 361,13; 214,31.

Im Anschluss an diese Versicherungen seien hier diejenigen Formeln und Wendungen genannt, welche die Wahrheit einer Aussage oder auch die Dringlichkeit einer Bitte unter Anrufung eines göttlichen oder auch menschlichen Begriffes bekräftigen. Der Dichter geht in derartigen Beteuerungsformeln, die er seinen Personen in den Mund legt, bald von heidnischen, bald in anachronistischer Weise von christlichen Vorstellungen aus. Wir unterscheiden

1) Präpositionale Ausdrücke.

A. Anrufungen Gottes.

a) *be God* 183,15; *parde* 13,18; *be God of mycht (mychtis)* 164,13; 276,9; *be God and all his mycht* 218,28; *be (for) hevinnis king* 18,18; 27,9; *be him that is hevinis king* 18,31; *God wat* 194,9.

b) *for Goddis pane* 438,19; *for (be) Goddis buke* 111,30; 197,18; *be Goddis grace* 228,24; *be Godis micht* 140,27; *for Goddis saik* 26,4; *for God his will* 23,28; *be all that God hes maid* 119,5; *be all that God sall by* 111,16.

B. Anrufungen der Götter.

a) im allgemeinen: *be all the Goddis* 110,22; *be all our Goddis* 194,17; ähnlich 215,3; *be all our Goddis deir* 395,8; *be all the Goddis of sey and land* 300,2; *be all the Goddis of the se* 278,1; *be our Goddis mare and myn* 409,4; *be his Goddis great and small* 220,24; *be ʒour Goddis evirilkane* 253,16; *be his Godis ilkane* 218,31; *be all Goddis that ever was* 258,9; *be all the Goddis that I in trow* 399,20; *be the Goddis that I honour* 418,7; *be the Goddis all, that I honour and honour sall* 271,10.

b) im einzelnen: *be Marcus* 191,3; *be our God Marcus* 292,1; *be our God, michty Marcus* 286,14; *be Dyany* 210,29; *be Jubiter* 161,5; *be Neptune* 156,27; *be all our Gods and be Marcus* 153,14; *be our Goddis, baith Neptune, Mars and Jupiter* 153,26.

C. faith, fay, treuth.

perfay 2,30; *per my fay* 48,5; *be my fay* 257,22; *faith* 437,15; *for ʒour faith* 162,29; *for the faith ʒe aw to bere* 168,7; *be the treuth that I trow in* 409,3; *be the faith I to ʒow aw* 12,24; *be the faith that I aw to the king* 19,6; *for the fay that thow aw Dyany* 161,3: *for the faith thow owis to Jupitere* 282,7; *be the faith I aw to beir to Neptune, Mars and Jupitere* 436,8; *be that fay that thow to laute suld have ay and to the ryell Maieste and to thame that thow heir may se* 170,21.

D. Vermischte Beispiele.

for cheritie 113,5; *for the lufe of me* 428,26; *be all that is* 212,11; *be all that was* 64,32; *be the Hevin, Sone and Mone* 344,24; *be the honour that I leif in* 430,13; *be ʒour croun that is hie* 168,9; *be his croun and his Godis baith* 146,26; *be my deir mother Olimpyas* 189,8; *perfay, be my faith and be this day, be Neptune, Mars and Jupiter and be the faith I aucht to bere to my mother Olimphias, that is sa fare of fax and face* 198,7 ff; *be the rialte of ʒour croun and the dignite and be the faith I have to amours* 161,21; *be his Goddis all and the gude that of lufe may fall* 215,3; *be Venus, Cupid and Mercurius and the joy and the dignitie of his lufe and his lemmenis bounte* 158,29.

2) Beteuerungssätze.

A. Der Beteuernde wünscht Gutes auf sich herab: *sa God me speid* 25,25; *sa God me sie* 20,17; *sa God me sane* 9,28; *sa God me saif* 11,12; ähnlich 370,3; *sa God me mend* 334,2 9; *sa*

God me reid 110,28 (cf. Zupitza, Guy 7187); *sa God me blis* (ae.
blêdsian) r. m. *les* 242,12; *sa God me blis* (ae. *bliðsian*) r. m. *his*
336,27; elliptisch: *sa God me* (= ja so mir Gott) 193,28 (oder ist
sa God me se zu lesen?); *sa the Lord me sane* 12,10; *sa helpe me
God that mekill may* 24,8; *sa God my sytis ceis* 427,9; *sa God
himselfe me keip fra care* 322,10; *sa God me keip fra care* 240,11;
sa our Goddis me were fra wa 157,3; *sa the Goddis fra wa me
were* 348,14; *sa have I joy* 242,16; *sa have 1 blis* 162,27; *sa have
I seill* 268,1; *sa have I meid* 283,2; *sa mot I the* 210,22
(cf. Zupitza, Guy 615); *sa lufe mak me succouris* 161,24; *sa be I
quit throw lufe* 166,1.

B. Seltener sind die Fälle der bedingungsweisen Selbst-
verwünschung (cf. Tobler, „Vom Verwünschen" in Commentationes
philologae in honorem Th. Mommseni, p. 180): *My saul cum
never in haly steid* 79,12; *my richt arme sall of be shorne* 128,10;
God me confound 25,2; *shent worth I* 125,4; *shent mot I be* 30,30;
maugre have I 313,6.

Angesichts der frz. Vorlage kann es nicht wunder nehmen,
wenn der Stil des B. A. eine ganze Reihe von Gallicismen aufweist. Als solche sind z. B. zu nennen:

Die Umschreibung der Personenbezeichnung durch den Begriff des Körpers oder einzelner Teile desselben (cf. Tobler, Verm.
Beitr. p. 27 ff.): *That ony ane manis body Sould put himself in
sik bandoun* 101,5; *That he na fand never sic ane man* . . . . .
As Gaudefeirs body delarys 225,1; *He said: My sweit, ressavis
heir The body of the nobillest knicht* 436,29. *That gart him on his
arsoun ly Maugre his hede all dissaly* 173,14; *That he revit it of
his neif Magre his teith everilk ane* 371,16. *Bot Caulus can his
helm race Of his hede maugre his face* 373,31.

Das Fehlen der Casuspartikel vor Personennamen (cf. Diez
Grm. III 140 f.) in Fällen wie: *the palace Jupiter* 323,9; 329,26;
426,19; *the tempil Venus* 323,17; *the tempil Diane* 327,3; 428,11;
tempil Marcus 120,23; *chalmer Venus* 426,5; 238,32; 426,9.

Konstruktionen wie: *Seand it halely his barnage* 267,6; *Of
douchty man is nobill thing* 118,32 (cf. Tobler, Verm. Beitr. p. 5:
Noble ordene est de chevalrie; Mout est grans cose de preudome).

Wie frz. *tel* wird im B. A. auch *sik* in der Bedeutung
„mancher" gebraucht: *For sik man wenes weill that he is worth,*

*That faiļzes all quhen he cumis furth, And sik wencs he is worth
na thing That is oft worthy in preving* 224,27 ff. *Sik leuch before
that now sall greit* 36,30; ähnlich 34,2; cf. Mich. 121,29.

Quha hat oft, wie afrz. *qui,* die Bedeutung *si l'on* (Tobler,
Verm. Beitr. p. 99): *Him semit be douchty in dede, Quha had him
sene sterand his stede* 221,3. *Thay of Grece hes left the feild And
ill affrayit, quha weill beheld* 414,17.

Dede (ae. *dead*) hat wie afrz. *mort* auch die Bedeutung
„getötet": *How sair my father hes bene dede And my freindis
chaist and slane* 421,9.

Dem frz. *faire* entspricht die Verwendung des Verbums
mak in folgenden Verbindungen: *mak dule* 431,13; 431,27; *mak
wa* 49,7; *make joy* 122,6; *mak sembland* 251,9; 369,31.

IV.
Einfluss Barbours.

Das Alexanderbuch mit seinen ritterlichen Heldenthaten, seinen blutigen Schlachten und Einzelkämpfen erinnert ungemein stark an das etwa sechzig Jahre vor ihm entstandene Werk des schottischen Nationaldichters John Barbour, an dessen „Bruce". Die Einzelheiten kriegerischer Ereignisse, als Ausrüstung, Aufstellung und Einteilung der Schlachtreihen, ermutigende Ansprache, Warnung vor voreiligem Beutemachen, Hinterhalt, Angriff und Kampfgetümmel, Wunder der Tapferkeit und Sieg gegenüber vielfacher numerischer Ueberlegenheit, Flucht und Verfolgung, alles das erfährt hier wie dort eine eingehende, in den meisten Zügen überraschend übereinstimmende Schilderung. Diese Thatsache hat ihren Grund nicht zum wenigsten wohl darin, dass Barbour bei seinem umfassenden Wissen und seiner grossen Belesenheit (cf. Skeat, „Bruce", Preface p. LII) die frz. Quellen des B. A. gekannt haben wird, wie dies ja für den ersten Teil des B. A., den „*Forray of Gadderis*", feststeht, so dass manche Züge derselben wohl in seinem „Bruce" nachklingen können.

Doch ist die Uebereinstimmung vieler Stellen vom „Bruce" mit dem B. A. nicht bloss inhaltlicher Natur; auch in formeller, in stilistischer Beziehung zeigen beide eine grosse Verwandtschaft, zumal bei der Ausmalung von Scenen, die mit Kampf und Krieg zu thun haben. Die ganze Diktion, die Wahl der Worte und Anordnung der Sätze, die reichliche Anwendung der Allitteration ist in dem Masse dieselbe, dass man — abgesehen vielleicht von der freieren Behandlung des Metrums — beim Lesen des B. A.

oft meinen möchte, den Sänger des „Bruce" zu vernehmen. So
lassen sich denn auch in grösster Anzahl solche Verse zusammenstellen, die bei beiden wörtlich genau übereinstimmen oder doch
nur in durchaus unwesentlichen Punkten (Artikel, Pronomen,
Konjunktion, Präposition u. dgl.) von einander abweichen. Aus
der vorhandenen reichlichen Auswahl mögen nachstehend z. B. die
folgenden genannt werden.

(Durch die mit der römischen Ziffer beginnenden Citato ver-
weise ich auf Buch und Vers von Barbours „Bruce", ed. Skeat,
durch die anderen auf Seite und Vers vom B. A.)

Richt as the day begouth to spring VII 319; 3,16.
Bot on the morne in the mornyng XIV 165; 3,15.
Till on the morn quhen it wes day XII 334; 317,15; XIX
    404, 503, 752.
And on the morn quhen day wes lycht XIII 514; 338,20;
    XIV 172; 118,15; IV 165.
The sone wes rysyn schynand (and schynit) bricht VIII 216;
    IV 166; 219,4.
That speris all to fruschit war (thair) II 350; 286,12.
And routis ruyd about thaym (him) dang II 356; 407,28.
Raucht him sic rout in randoun richt V 632; 400,23.
And smait the first sa rigorusly VII 449; 4,25.
For to manteyme that stalward stour XI 401; 45,7; 46,19;
Thai dang on othir with vapnys seir XII 511; 415,9.
Inmyd the vysage met thame thar XII 576; 4,28; 410,17.
Thar men mycht se ane stalwart stour XII 577; 34,5.
Ane felloune fechting wes than thair XIV 294; 77,31.
And sic dyntis about him dang XVII 155; 43,3.
For quhen that he his poynt mycht (culd) se VII 388; 45,14.
He all till-hewyt that he ourtuk II 381; 366,11.
Undyr hors feyt defoulyt thar (swa) II 389; 86,6.
That arme and schuldyr flaw him fra III 115; 411,5.
He rouschit doun of blude all rede III 139; V 645; 33,31;
    413,13.
Till top our taill he gert him ly VII 455; 72,8.
Till red blude ran of voundis rath VIII 322; 401,30.
That we of purpos ger thame (him) faill XI 68; 71,13.

And slew all that thai mycht ourta XIII 93; 379,21; IV
415; XVI 638.

That all the feldis strowit war XIV 443; XVI 633; 53,4.

Gifand and takand woundis wyd XIII 160; XV 54; 222,8;
VI 288.

And syne vend to the vod avay V 561; 215,32.

He turnit his bridill and to ga VIII 351; 87,18; 218,4.

That sum war ded and sum war tane VIII 353; 384,18;
IX 263.

The remanand thar gat ar gane VIII 354; 362,28.

And magre thairis left the place XIII 170; 36,12.

And sum of thame fled all planly XIII 277; 61,1.

That thai that fle mycht fled avay XVIII 468; 53,7: 423,15.

Thus maid wes (mak thay) pes quhar wer wes air XX 63;
429,20.

For thai that dredand (doutand) war to de IV 417; 385,26.

And lap on hym delyverly II 142; 398,2.

His assenȝhe can he cry II 378; 4,14; III 27.

His men till him he gan rely III 34; IV 426; 4,4.

With that in hy to him callyt (turnit) he III 331; 89,15.

Syne (all) in ane sop assemblit ar VII 567; 4,16.

With spurys he strak the steid of pris (pryde) VIII 79; 83,9.

And towart him he went (come) in hy XII 39; 102,21.

And till his menȝhe can he say XV 471; 7,8.

He maid thame mekill fest and far XVI 46; 433,20.

flowris weill savourit of seir colowris XVI 70; 248,23;
159,24.

That in his hert gret angyr hes VIII 16; 24,15; 431,19.

He prysit hym in his hert gretly XI 58; 93,20.

Quhar velcum heir all tym (mot ever) ȝe be XVIII 536;
304,14.

And pensalis to the vynd vaſland XI 193; 33,20.

Thai tursit thair harnes halely IX 360; 3,11.

Armyt in armys gude and fyne XII 32; 46,28; 54,23.

And als a man of mekill mycht V 492; 57,25.

And he that stalward wes and stout VI 146; 58,7.

Cum on forouten dreid or aw XI 555; 10,29.

Quharfor I ȝow requeir and pray XII 263; 125,14.

That wer fulfillit of gret bounte XII 423; 297,3; 844,6.
Quhy suld I mak to lang my tale XI 135; 277,4; 440,12;
417,4.
thousand armyt on hors bath fut and hand XIX 411; 53,18.
Men mycht se than that had beyn by XI 126; 98,18.

Man vergleiche ferner *I 160: 8,8; I 302: 128,31: 437,1;
I 318: VIII 481: 278,9; I 453: 99,14; II 170: IX 306: 410,18;
II 233: 74,30; II 339: 87,8; III 139: 33,31; V 253: 294,32;
VI 131: 16,32: 420,4; VI 148: 49,17; VII 449: 40,2: 4,25;
VII 450: 46,14; VII 471: 6,6: 38,24; VII 591: 5,29; VIII 268:
54,19; VIII 320: 30,2: 92,10; IX 8: 2,26; VIII 85: 79,26;
IX 566: 238,11; X 100: 12,29; X 654 f: 245,3 f; XI 251:
338,14; XI 392 f: 117,30 f; XI 419: 8,19; XI 408: XII 204:
342,17: 31,11 f: 315,6; XI 558: 141,25; XI 571: 175,28; XII
489: 248,5; XII 504 f: 286,10 ff; XII 582: 382,18; XII 618:
34,16; XIII 38: 3,14; XIII 260: 112,22; XIII 268: 52,32;
XIII 323: 286,16; XIII 600: 219,9; XIV 84: 52,21; XV 139:
387,28; XV 501: 385,31; XV 546: 304,5; XVI 110: XVI 140:
51,31; XVII 115: 8,1; XVII 388: 54,15: 99,6; XVII 486:
370,17; XVIII 562: 234,23; XIX 587: 39,31; XX 278: 51,3;
XX 280: 26,2* u. v. a.

Freilich beruht diese Uebereinstimmung einzelner Verse
vielfach auf dem Gebrauch typischer Formeln und technischer
Ausdrücke, die Allgemeingut waren und sich auch bei andern
Dichtern finden, so dass derartige Kongruenzen, im einzelnen be-
trachtet, nicht viel besagen wollen (cf. Kölbing, Sir Tristrem
p. XXXI). Aber der reiche Schatz an feststehenden Wendungen,
Flickwörtern, Füllphrasen und Allitterationsformeln, wie ihn
beide Dichter aufweisen, ist doch in seiner Zusammensetzung ein
zu gleichartiger, die Aehnlichkeit in der ganzen übrigen Form der
Darstellung eine zu grosse, als dass wir nicht eine direkte Einwirkung des „Bruce" auf das B. A. annehmen dürften. Hat doch
auch dieses solche Ausdrücke und Redeformeln in bedeutend
grösserer Zahl mit jenem gemeinsam als etwa das weit längere
„Orygynale Chronykil of Scotland", dessen Verfasser Andrew of
Wyntoun von Skeat mit Recht als ein Bewunderer und Nach-
ahmer John Barbours bezeichnet wird (cf. Vorrede zum „Bruce",
p. XXXV).

Man vergleiche noch im B. A. und im „Bruce" die Naturschilderungen XVI 63—71; V 1—13; 248,16--23; 107,1—10;
ferner die Vorliebe dafür, die einzelnen Glieder von Aufzählungen
anaphorisch durch *mony* einzuleiten, z. B. XI 127 ff; XII 440 ff;
XII 508 ff; XII 551 ff; 182,28 ff; 384,28 ff; 399,6 ff; 350,22 ff; man
berücksichtige vor allem noch folgende Parallelstellen, deren Auf-
zählung keineswegs eine erschöpfende sein will, denen sich vielmehr noch so manche andere ähnlicher Art anreihen lassen würde.

Bot he wes nocht sa fayr that we
Suld spek gretly of his beaute:
In wysage wes he sumdeill gray . . . .
Bot of lymmys he wes weill maid
With banys gret and schuldris braid I 380 ff.

Bot he was nocht sa fare suthly,
That men bird spek of him gretly,
For he wes broun rede in visage 176,5.
With lymmis square and manly maid
And armys lang and schoulderis braid 22,4.

Schyr Edmund cumyn als wes slayn,
And othir als of mekill mayn II 37.
How he Erll Sabolour hes slane
And uthir als of mekill mane 46,23.

That he that deis for his cuntre,
Sall herbryt intill hewyn be II 340.
Quha for his lord deis, he sall be
Harbreid with Angellis gle 21,16.

. . . . . at thar fyrst metyng
War layd at erd but recoveryng III 16.
. . . . . into thair first cumming
War laid at eard but recovering 362,26.

For to reskew all the fleieris
And for to stonay the chasseris III 81.
For to defend all the flearis
And for to stony the chassaris 88,20.

And strak with spuris the stede in hy,
And he lansyt furth delyverly III 121.

With spurris he straik him sturdely,
And he lansit deliverly 46,7.

With spurris he brocht him in hy,
And he lansit deliverly 79,25.

Bot and I lif in lege pousté,
Thair ded sall rycht weill vengit be V 165.

For gif I leif in liege pouste,
Thow sall of him weill vengit be 190,13.

Till he him umbethocht at the last
And in his hert can umbecast V 551.

Quhill he him umbethocht at the last
And in his hart cleirly can cast 193,29.

He ruschit doune of blude all rede,
And quhen the king saw thai war ded V 645.

He rushit doun of blude all rede;
Quhen Porrus sawe that he was dede 413,13.

And raid till him in full gret hy.
He smat the first sa rygorusly . . .
Till he doun to the erd him bare VI 135.

And towart him raid in full great hy
And smot the first sa sturdely 40,1.

Ferrand he straik with spurris in hy
And straik the first sa rigorusly,
That throw the bodie he him bair 4,24.

That he met first sa sturdely,
That deid doun to the erd him bare 38,3.

Had he nocht the bettir beyn,
He had beyn ded forouten veyn VI 162.

Had he nocht all the better bene,
He had bene deid forouttin wene 380,1.

For gif the formast egirly
Be met, ʒhe sall se suddanly,
The henmast sall abasit be,
And thouch that thai be ma than we VIII 243.

Thocht thay be ma nor we, forthy
Seik we the first a sturdely,
That the hindmaist abasit be 20,26.

Now gais the nobill kyng his way,
Richt stoutly and in gude aray VIII 271.

Now rydis the furreouris thair way,
Richt stoutly and in gude array 2,25.

I trow that worthyar than he
Micht nocht in his tyme fundyn be,
Outakyn his brothir anerly,
To quhom into gude chevelry.
I dar peir nane . . . IX 662 ff.

For ane worthiar knicht na he,
I trow, thair may nane fundin be 97,11.
Outtane the king allanerly,
And his gude eme, quhome to that I
Dar compare nane 49,2.

Men mycht se than that had beyn by,
Mony ane vorthy man and vycht XI 126.

Thare micht men se into that place
Mony ane worthy man and wicht 389,25.

. . . . *wilfull to fulfill*
His liking with gude hert and will XI 266.

. . . . *wilfull to fulfill*
His avow with gude hert and will 354,29; 372,10.

And callit all his consell preve
And said thame: lordingis, now ʒe se XI 270.

The gude duke callit his men previe
And said: Lordingis, now may ʒe sie. 76,13.

Sum woundyt and sum all deid;
The gres woux off the blude all rede II 360.

The grene gras vox of blude all rede,
And covered with wondit men and dede 382,18.

Thai saw so fele browdin baneris,
Standartis, pennownis apon speris . . .
That the mast host and the stoutest
Of crystyndome and ek the best
Suld be abasit for till se . . . XI 464 ff.

He sawe sa feill broudin baneris,
And pennonis upon seir maneris . . .
The greatest host and the stoutest
Of ony cuntry and the best
Suld of that sicht abasit be. 26,26 ff.

Com with thair battalis approchand,
The Banerys to the vynd vaffand XI 512, ähnlich IX 244.

He saw the battelis approchand
With baneris to the wynd waiffand 8,17.

Men herd nocht ellis bot granis aod dyntis
That slew fire as men dois flyntis XII 36.

And hard the dinging of thare dyntis,
That kest fyre as man dois flyntis 236,24.

To set stoutnes agane felony
And mak swagat ane Juperdy XII 261.

And gif we foly agane foly
And sagait mak ane iepardy 281,10.

Now makis zow reddy till the ficht,
God help us, that is mast of mycht XII 323.

To morne, gif God will, we sall fecht,
Now help us God for his mekill mycht 340,25.

And swagat all the nycht baid thai,
Till on the morn that it wes day, XII 333; ähnlich XIX 403.

Thus armit all the nicht thay lay
Quhill on the morne that it wes day 351,12.

That mony worthy man and wicht
Throw fors wes fellit in that ficht XII 523.
Mony helm hewin and mony knicht
Throw force was fellit in the fecht 227,5.

For with wapnys stalwart of steill
Thai dang on thame with all thar mycht XIII 14.
Bot with wapons stalwart of steill
Thay dang on uther with all thair micht 80,18.

Thar mycht men her richt mony dynt
And vapnys apon armour stynt XIII 28; ähnlich XIII 153.
Stert Clarus up that herd the dintis
Of wapnis that on helmis styntis 366,4.

. . . I undirta,
Thai left eftir thame taknyng,
That sall neid, as I trow, lechyng XIII 44.
. . . I tak on hand,
Thay have of him sic ane menyng
Thai sall neid, I wis, of leching 42,15.

And agane armyt men to ficht
May nakit men haff litill micht XIII 97.
Under thair scheildis thay war naked . . . .
Thay sall nouther hardement have nor micht
Aganis armit men to ficht. 362,20.

Quhen that he saw the battalis swa
Assemmyll and togidder ga XIII 63.
Quhan he the rinkis saw shudder swa
And the battellis togidder ga 45,32.

And of the sicht had gret ferly,
That sa quhein durst on ony wis
Undertak sa hye empris. XIV 504.

Than ferleid all that ever thar was,
How ony man on ony wyse
Durst undertuk sa hie ane pryse. 283,20.

Thay war to few all out, perfay,
With sic a gret rout for to ficht,
Bot nocht for thy . . . . XV 146.
Bot thay war all to few to ficht
Agane sa fele, bot nocht for thy . . 54,19.

That thair kyng with sa quheyn vald ficht
Agane folk of sa mekill mycht XVIII 61.
And saw few with him for to fecht
Aganis men sa mekill of micht 8,19.

. . . the king,
That he held of all his halding XIX 65.
. . . the king,
That we hald of all our halding 19,18.

And maid thame gud cher all that nycht
Quhill on the morne that day wes lycht XIX 715; ähnlich
auch IV 157; IX 207; X 466.
The hoste thame restit all the nicht
Quhil on the morne that day was licht 118,14; ähnlich 338,19.

Bei all' diesen zum Teil recht auffälligen Uebereinstimmun-
gen können, ja müssen wir, meine ich, annehmen, dass der Verfasser des schottischen Alexanderbuches Barbours Werk nicht bloss
kannte, — was bei dessen allgemeiner Beliebtheit und Verbreitung
ja ganz natürlich war — sondern dass er auch ganz genau mit
ihm vertraut war, stellenweise es wohl auswendig wusste, so dass
das englische Gewand, in welches er den ihm vorliegenden französischen Text kleidete, notgedrungen dadurch beeinflusst wurde.

V.

Grammatik.

Die im folgenden gegebene Uebersicht über die grammatischen Verhältnisse unseres Denkmals beschränkt sich im wesentlichen auf die Reime; sofern aus dem Versinnern (Vi.) Belege herangezogen werden, ist dies besonders vermerkt.

1. Lautlehre.

A) VOKALE.

Ae. a vor m, n und nd bleibt a; ausgenommen ist nur *mony* (nur im Vi.): *lemman (: tane* part.) 233,29; (: *gane*) 263,21; *than (: tane* part.) 117,10; 247,8; (: *ane*) 241,25; *name* (: *lame*, ae. lām) 442,15; *tamit* von ae. tamian (: *shamed*) 396,1.

Für a + nd haben wir zahlreiche Reime mit der Participialendung -and, deren a-Laut 291,21 durch den Reim mit dem Inf. *cummand* gesichert ist; so *hand* 8,32; 15, 22; *fand* 185,9; 291, 11; *stand* 94,10; ferner *brand (: warand)* 50,2; *land (: recryand* 114,18; *hand (: warrand)* 64,26; 43,24; 184,26; (: *mak sembland)* 251,10.

Ueber a + g siehe weiter unten.

An. a ergiebt bald a, bald e in *cast (: fast)* 37,10; (: *best)* 232,12.

Ae. ā bleibt a (auch ai geschr.): *wait (: stait)* 290,19; (: *debait)* 233,30; *wrait (: stait)* 432,6; *hale (: pale)* 382,17; (: *tale)* 116,21; *he gais (: face)* 394,23; (: *space)* 231,24; (:*he tais)* 120,32; *raik (: take)* 73,17; (: *make)* 57,10; *sare (: care)* 240,10; (: *square)*

223,25; *stane* (: *tane* part.) 152,10; 4,12: *mair* (: *square*) 176,10; (: *fare*) 129,13. — Im Reime mit dem Praet. *maid* erscheinen *raid* 3,13; *abaid* 98,6; *braid* 22,5.

Der Uebergang von â zu o zeigt sich nur in folgenden Fällen: *more* (: *before*) 71,4 (auch in Barbours Bruce X 190); *more* (: *honore*) 116,26; *stones* (: *Sardonis*) 329,29; *lo* (ac. lâ): *do* 140,14 (Cf. Zupitza in Herrigs Archiv Bd. 76 p. 210 und Schleich, Yw. a. Gaw. Anm. zu v. 1289). Nur aus dem Vi. zu belegen ist *lord* (ac. hlâford).

Als e erscheint ae. â nur in der Kompositionssilbe *-hed* (ac. hâd): *zouthheid* (: *deid*, ae. dêd) 118,29; (: *lede*, ac. lêdan) 164,1; *manhede* (: *dede*, ae. dêd) 286,32; (: *deid*, ac. dêad) 431,11. Dagegen ist *sweit* 82,30; 36,29 wie ne. sweat nicht ae. swât, sondern Neubildung aus dem Verbum ae. swêtan.

Mit folgendem w oder Guttural ergeben ae. â und a ebenso wie an. a den Diphthong aw (seltener au geschr.). Ebenderselbe entsteht aus ae. -oah, -êah, -êaw in den Fortsetzungen von seah, flêah, scêawian: *raw* (: *draw*) 135,30; (: *blaw*) 176,17; (: *he saw*) 341,20; *awe*, an. agi (: *aw*, ae. âh) 12,24; (: *snaw*) 10,28; (: *he flaw*) 380,25; (: *saw* praet.) 78,6; *aucht*, ae. âhte (: *caucht*) 6,26; *awin* (: *knawin*) 312,21; (: *drawin*) 358,24; *saw* praet. (: *fallow*, an. fêlagi) 39,7; (: *thrawe*, ne. þrâg) 3,23; (: *daw*, ae. dagían) 206,24; *saw*, ae. sagu (: *blaw*) 35,7; (: *schaw* inf.) 124,30; (: *thraw*, ae. þrâwan u. þrâg) 9,6; 268.6. — Nicht auf ae. strêaw, sondern auf an. strû geht zurück *stra* (: *ga*) 143,15; (: *ta*) 209,26; (: *sa*) 380,8; *strais* Plur. (: *sho mais*) 160,5.

Ae. æ wird in der Regel zu a: *was* (: *spais*) 4,30; (: *cais*) 22,26; (: *pais*) 32,13; *brak* (: *straik*) 85,21; (: *mak*) 60,7; *fast* (: *past*) 132,6; *brast* (: *past*) 5,27; *bare* praet. (: *mair*) 50,29; (: *fare*) 158,24; *bak* (: *mak*) 133,31; (: *tak*) 314,17; *raith* (: *baith*) 140,13; 360,1; *bare* Adj. (: *hare*, ae. hara) 205,14; *late* (: *stait*) 138,32; *small* (: *hale*) 299,5. — Doch kann man bei den letztgenannten Adjektiven auch die ae. schwache Form mit a als Grundlage annehmen.

Ae. wæs erscheint ausser in der Form *was*, *wais* auch als *wes* in zahlreichen Reimen mit *preis* (afrz. press). Ebenso steht e für ae. æ in dem oft mit dem Plur. *men* reimenden Worte *then* (ae. þænne, Nebenform zu þonne, þanne, cf. Sievers, Ags. Grm. § 65 Anm. 2 und Schleich, Yw. a. Gaw. p. VIII).

Von ae. æ+g wird weiter unten die Rede sein.

Ae. ê, dem ahd. â, got. ê zur Seite steht, wird

1) meistens e (auch ei geschr.): *rede* inf. (:*deid,* ae. dêad) 233,24; *weid* (: *steid,* ae. stêda) 16,13; (:*speid*) 214,15; *speke,* ae. sprêc (:*eik*) 331,10; (: *seik*) 170,4; *deid* (: *steid,* ae. stêda) 42,17; (: *ʒeid* praet.) 291,3; *weit* (: *sweit*) 412,14; *sede* (: *meid,* ae. mêd) 116,7; *meid,* ae. mêd (: *steid,* ae. stêda) 137,9; *were* praet. (: *dere,* ae. dêore) 29,19; (:*spere*) 88,17; (: *cleir*) 292,20; *dreid* (: *stede,* ae. stede) 33,16; (: *speid*) 247,10.

2) a (ai): *thair* (: *mare*) 35,32; (: *sair*) 75,26. (Nur einmal reimt das Wort mit e, 440,2 *thair*: *scheir,* afrz. chere). *war* praet. (: *mare*) 48,3; (: *square*) 371,25; *hair,* ae. hêr (: *bare* praet.) 4,26; (: *fare*) 182,11; *quhair* (: *mare*) 217,26; *lat* (ae. lêtan) nur im Vi. zu belegen.

Ae. ê, welches aus â=urgerm. ai durch Umlaut entstanden ist, erscheint

1) meistens als e. Dieses e reimt trotz seines ursprünglich offeneren Lautes mit jedem andern e. — *ere* (: *spere*) 97,5; (: *swere*) 277,31; *feid,* ae. fêhþu (:*speid*) 120,2; *leid,* ae. lêdan (: *dede,* ae. dêad) 36,28; (: *steid,* ae. stede) 79,12; (: *neid*) 11,21; *leir,* ae. lêran (: *speir*) 420,9; (: *heir,* ae. hêr) 442,10; (: *heir* inf.) 41,20; (: *dere,* ae. derian) 171,15; *deil* (: *steill*) 9,13; (:*feill*) 30,11; (: *weill*) 111,14; *mene,* ae. mênan (:*sene*) 48,32; (:*kene*) 249,25; *clene* (: *grene*) 46,15; (: *sene*) 58,24; *leif,* ae. lêfan (: *reif,* ac. rêafian) 299,14; *sweit,* ne. sweat (: *hete,* ae. hêtu) 375,4; 390.21; (: *threat*) 82,30; (: *weit.* ae. wêt) 412,13; (: *greit,* ae. grêtan) 36,29; *less* (: *bliss,* ae. blêtsian) 242,12.

2) als a (ai): *betak,* ae. betêcan (: *quaik*) 349,3 erklärt sich wohl durch Einwirkung von an. taka. Im Vi. lautet der Inf. *betech* 287,11; das Praet. u. Part. *betaucht* 276,32. — *last,* ae. lêstan (:*fast*) 152,27; 394,14; daneben *lestis* (: *bristis*) 263,15; *lady,* ae. hlêfdige, nur im Vi.

Aus den schon im Ae. vorhandenen Nebenformen mit â sind abzuleiten *maist* (: *haist*) 440,20; *ar* (: *quhare*) 207,17; *daill* (: *hale*) 232,15; 408,24; (: *peregale*) 398,16. In der Bedeutung „Teil" lautet die Form stets *deill,* während *daill* nur in dem Sinne von „Verteilung" verwandt wird.

3) als o in den nicht im Reime vorkommenden Wörtern *ony*

und *or*, deren letzteres nur als Konjunktion oder Präpos. verwandt wird, während das Adverb die Formen *air* und *eir* hat (cf. Schleich, a. a. O. p. VIII).

Ae. e und ê bleiben e. Auch ws. ie und îo erscheinen als e. — *sheild* (: *feild*) 5,25; *weild* inf. (: *feild*) 75,10; *ʒeild* (: *beheld*) 113,14; *geif* (: *reif*, ae. rêafian) 309,26; *ʒeme* (: deme) 279,16; *heir* inf. (: *cheir*) 109,19.

Ein Uebergang von e zu i findet statt bei *hicht*, meist *hecht* geschrieben, (: *micht*) 118,23; (: *bricht*) 54,30; *hynt*, ae. hentan (: *tynt*, praet.) 42,27; (: *stynt*) 131,10; (: *dynt*) 74,10; *brynt*, von an. brenna (:*hynt*) 374,27; daneben *brent* (: *matelent*) 219,26; 235,1.

Ae. e + g und ebenso æ + g ergeben den Diphthong ai, der in unserm Denkmal ebenso wie in den Fällen, wo er auf afrz. ai und an. ei zurückgeht, schon in der Monophthongisierung zu a begriffen ist. Cf. Brandl, „Thomas of Erceldoune" p. 52 ff; Murray, „Dialects of the Southern Counties of Scotland" p. 52 f; Buss, Anglia IX p. 505 f; Gutmann, „The Buke of the Howlat," Diss. Halle 1892, p. 28.

Doch befindet sich dieser Uebergang noch in seinem Anfangsstadium, und sicher sprach der Dichter den Diphthong ai noch als a mit leise nachklingendem i; denn er scheidet in den Reimen, und dies ganz besonders beim Auslaut, noch sorgfältig zwischen ai und a. Die a:ai-Reime, die sich im B. A. finden, sind im Verhältnis zur Anzahl der genauen Reime verschwindend selten, wurden also sicher vom Dichter noch als ungenau empfunden und absichtlich möglichst vermieden. Wir finden *may*(ae. macian) : *assay* 14,6; *alswa* : *assay* 288,28; *say* : *sa* 73,25; 131,1; *say* : *alswa* 369,26; *he sais* : *thay rais* 290,14. Der Reim *said* : *maid* praet. 119,4 ist wohl durch ae. sêde zu erklären. — Diesen wenigen a : ai-Reimen stehen über 200 Reimpaare gegenüber, in denen je 2 Wörter auf a, wie *swa, ta, twa, tha, thra, fa, fra, ga, ma, wa* etc., mit einander reimen, und 300 Fälle, in denen je 2 Wörter mit auslautendem ay, wie *ay, nay, thay, say, lay, play, day, may, graẏ, way, fay, gay, deray, delay* etc. unter einander gebunden sind. — Auch für den Inlaut stellt sich das Verhältnis nicht viel anders. Betrachten wir z. B. die Reime auf —ane, —ayne, so haben wir *fane* (ae. fægen) : *gane* 408,21; *mane* (ae. mægen) : *ilkane* 69,3;

agane (ae. ongegn): *ane* 377,20; : *tane* 152,25; *vane* (frz. vain): *ane*
237,14; *pane* (frz. peine): *yane* 424,28; *planis* : *at anis* 434,28;
bargane : *lame* 396,6. — Gegenüber dieser geringen Anzahl unge-
nauer Reime auf -ane, -ayne finden sich über 100 Reimpaare. in
denen je zwei Wörter auf -ane, wie *ane, nane, gane, tane, stane,
bane, mane* inf. u. a. m., mit einander gebunden sind, und gegen
70 mal der Fall, dass zwei Wörter auf -ayne, wie *agane, mane,*
(ae. mægen), *fane* (ae. fægen), *brane* (ae. bregen), *sane* (ae. segn-
jan), *bargane, certane, haltane* etc., im Reim zusammengestellt
sind. Absehen dürfen wir hierbei von dem Part. *slane,* welches
ebenso oft auf -ane wie auf -ayne reimt, da beide Formen or-
ganisch neben einander existierten. Vgl. Zupitza, Anm. zu Guy
1126; Buss a. a. O. p. 507. — Andere a: ai-Reime, deren Zahl
übrigens im Verhältnis zu den entsprechenden genauen Reimen
nicht minder verschwindend gering ist, sind noch die folgenden;
exemplare : *mare* 297,12; *faill* (frz. faillir) : *hale* 403,29; 294,4; : *all*
92,18; : *smaill* 7,17; *tale* (ae. tægel): *vassale* 285,25; *battal*: *sall*
327,17; *esmale* : *hale* 351,3.

Ae. i und î bleiben i.

Ae. y und ŷ, Umlaut von u und û, werden bald i, bald y
geschrieben und fallen in den Reimen vollständig mit altem i zusammen: *by* inf. (: *cry*) 361,26; (: *I*) 298,22; *pryde* (: *syde*) 80,15;
kis (: *is*) 153,15; 254,11; *forthy* (: *scry*) 196,29; *fyre* (: *ire*) 47,22;
ky (: *cry*) 219,19; (: *chevalrie*) 3,2; *fulfill* (: *will*) 202,2; (: *till*)
260,8; *kyth* (: *blyth*) 418,23; *hyde* (: *besyde*) 44,6; *flicht* (: *micht*)
15,20.

Zu e wird an. y in *beir,* an. byrr (: *seir,* an. sêr) 415,10;
(: *here* inf.) 286,11.

Ae. o bleibt o.

Ae. o + ht, ebenso wie ae. ô + ht, ergiebt —ocht : *wrocht*
(: *nocht*) 107,13; (: *thocht*) 239,2; *thocht* (: *ocht*) 178,1; (: *nocht*)
136,18; *brocht* (: *nocht*) 120,28; (: *thocht*) 240,1; *bocht* (: *nocht*) 111,17;
(: *wrocht*) 334,1; *socht* (: *nocht*) 16,10; (: *thocht*) 312,5; *rocht* (: *nocht*)
174,5.

Ae. ô ergiebt, ebenso wie ae. u, einen dem frz. u nahe-
henden und auch mit diesem reimenden Laut, der o, u, oi oder ui
geschrieben wird. Cf. Brandl a. a. O. p. 61; Murray a. a. O. p.
51 Anm.; H. Nicol, Philol. Soc. Transact. 1877, p. VI. Denselben

Lautwort hat auch die Fortsetzung des an. ô in tôk und des frz.
o in offener Silbe: *gude* (: *rude*) 441,25; *sture, ne.* stôr (: *pure*)
108,29; *tuke* (: *buke*) 111,29; (: *duke*) 117,6; 194,4; 195,17; *schoke*
(: *duke*) 398,6; *lofit* (: *removit*) 142,4; (: *provit*) 150,7; *luſe* (: *pruſe*)
13,14; (: *muſe*) 168,29; (: *behuſ*) 157,19; *lufis* (: *behovis*) 156,17; *behuſe*
(: *repruſe*) 392,12. Unrein ist wohl der Reim *sone* (ne. sunu):
fyne 435,8.

Ae. ô + g erscheint als -euch, auch -uich, -uch geschr.: *leuch*
(: *aneuch*) 171,31; (: *yneuch*) 205,11; *yneuch* (: *luch*) 266,21; *dreuch*
(: *yneuch*) 285,20. — Häufiger wird daneben ne. ô + g durch ew
wiedergegeben nach Analogie der Praeterita der Kl. V auf
-êow; z. B. *drew* (: *blew*) 70,23; 250,12; (: *threw*) 37,21; 145,6;
(: *grew*) 231,14; *slew* (: *trew*) 55,6; (: *drew*) 250,20; 400,18; *anew,*
ae. genôg (: *drew*) 251,1; 392,24.

Ae. u wurde vor -nd gedehnt und erfuhr dann dieselbe Ent·
wicklung wie ae. û: *ground* (: *stound*) 36,25; (: *wound*) 81,21; *wound*
(: *sound*) 104,17; *stound* (: *found*, ac. fundian) 192,11; (: *pund*) 262,19.

Ae. û wird zu ou und reimt, ausser mit sich selbst, mit
afrz. o, ou aus lat. ô oder lat. u in Position: *toun* (: *garnisoun*) 1,11;
broun (: *lyoun*) 22,2; *house* (: *spouse*) 108,3; *now* (: *avow*) 272,7;
doun (: *arsoun*) 84,3; *ouris* (: *forrriouris*) 71.9; (: *rescours*) 2,14; *lout*
(: *dout*) 131, 1.

Ae. ea vor ld oder ll erscheint als a, seltener au geschrieben: *ald* (: *hald* pract.) 136,7; *faill* (: *haill*) 314, 11; *hall*
(: *pall*) 428,1; *all* (: *pall*) 229,5; *all* (: *emperyall*) 329,31.

Ae. ea vor gedecktem r wird zu a in *frawart* (: *dart*) 58,4;
zu e in *berd* (: *werd* praet.) 191,9; 405,17; (: *affeird*) 411,21.

Ae. ea und ebenso â, w, ê mit folgendem ht werden zu
aucht. *maucht* Subst. (: *straucht*) 80,11; (: *raucht*) 6,3; *laucht*
(: *taucht*) 214,29; *faucht* (: *raucht*) 249,19; *aucht* praet (: *caucht*) 6,25.

Neben *raucht* und *maucht* bestehen die Formen *rocht* und
mocht. *rocht* (: *brocht*) 104,24; (: *socht*) 85,22; (: *wrocht*) 374,11;
mocht (: *socht*) 70,30; (: *thocht*) 44,30; (: *nocht*) 62,29. Doch ist hier
der Bedeutungsunterschied zu beachten, dass *mocht* stets nur Verbum, *maucht* Substantiv ist, während die Form *micht* als Verb und
Substantiv vorkommt.

Ae. ea nach Palatalen erscheint stets als a: *shamed* (: *bla-
med*) 140,16; 299,16; *ʒare* (: *mare*) 146,19; *schaik* (: *straik*) 50,25;

sall (: *hale*) 215,20; *skaith* (: *baith*) 83,15; *gaif* (: *laif*) 40,6; *shame*
(: *hame*) 79,5.

Ae. êa wird durch e (auch ei geschr.) wiedergegeben. *neir*
(: *dangeir*) 1,13; *eiris* (: *speris*) 10,6; *hede* (: *stede*) 56,16; *leif* (: *sleif*)
75,24; *deid* (: *remeid*) 90,30; *eik* (: *speke*) 331,10. Die Form *sla*
(: *ma*) 60,5; (: *ta*) 82,19 ist gegenüber ae. slêan durch den Einfluss
von an. slâ zu erklären.

êa + g erscheint wie êo + g als einfaches e. Zur Zeit des
Dichters konnte der Guttural jedoch bei diesen Lautverbindungen
sowie bei *sle* (an. slægr), *we* (an. vegr), *de* (an. deyja) noch nicht
ganz geschwunden sein; denn in den Reimen des B.A. wird noch
sorgfältig zwischen e + gutt. und reinem e geschieden. Wir haben
22 Reimpaare, bei denen je zwei der Wörter *dre*, *fle*, *le*, *E* (ae.
êage), *he* (ae. hêah), *de*, *sle*, *we* (an. vegr) mit einander reimen,
und über 600 mal reimen je zwei auf reines e ausgehende Wörter
mit einander, wie *me*, *we*, *he*, *ʒe*, *the*, *se*, *thre*, *be*, *tre*, *fre* etc.
und die zahlreichen romanischen Wörter mit betontem Auslauts-e.
Die wenigen Ausnahmen sind folgende: *fle* : *be* 91,32; : *se* 138,10;
: *menʒe* 364,25; *de* : *be* 95,25; : *he* Pron. 380,23; *sle* : *Picarne* 144,1.
Cf. Buss, Anglia IX p. 497; Brandl a. a. O. p. 59 f.

Ae. eo wird in der Regel zu e, so in hevin, sevin, fele (aus
dem Vi.). Vor gedecktem r wird eo:

1) a. *hart* (: *outwart*) 416,11; *smart* (: *art*) 147,14;

2) e. *feir* (: *neir*) 52,10; 231,22; *kervit* (: *servit*) 413,4.

3. o. *sword* (: *word*) 373,21.

Daneben begegnet auch *sweird* (: *werd*, ne. weird) 266,29;
(: *ferd*, ae. feôrþa) 397,17.

Ae.-eoht,-êoht wird zu -icht (oft -echt geschr.), z. B. *fecht*
(: *micht*) 8,18; (: *wicht*) 29,7; *bricht* (: *richt*) 31,14; *licht* (: *nicht*)
427,1; (: *richt*) 34,28.

Ebenso entsteht i aus ae. eó in *ʒing* (: *helping*) 121,20;
(: *King*) 146,22; (: *ring*) 153,11.

Ae. êo ist zu e geworden; desgl. ws. íe, der i-Umlaut von
êo : *fre* (: *me*) 94,19; (: *citie*) 108,2; *sie* inf. (: *citie*) 6,23; *seik* (: *speik*)
270,11; *leif* (: *mischeif*) 425,28; *beheld* (: *feild*) 8,12; 10,24; *freind*
(: *weind* inf.) 22,30; *fell* praet. (: *cruell*) 30,17; *sene* (: *schene*) 7,21;
dere (: *cleir*) 213,30. Ae. glêo giebt *gle* (: *be*) 21,17; 177,10; daneben *glew* (: *new*) 381,2 unter dem Einfluss der cas. obl. — Ae-

geðode wird zu *ʒeid* (: *steid*) 25,5; (: *speid*) 117,14; danebon, aus der Accentverschiebung *geeðde zu erklären, *ʒude* (: *blude*) 378,29; (: *gude*) 225,12; (: *rude*) 173,11.

Ae. ēo + w erscheint

1) als ew: *threw* (: *drew*) 37,22; *knew* (: *hew*) 235,8; *grew* (: *new*) 39,26; *newis* (: *hewis*) 107,3; *glewis* (: *newis*) 127,10; *trew* Adj. (: *slew*) 55,7; (: *hew*) 205,15.

2) als ow: *ʒow* (: *now*) 43,28; (: *prow*) 153,1; *trow* Verb. (: *now*) 128,20; (: *vo·r*) 311,2.

Bald mit e, bald mit i reimt ae. *giêt* als *ʒit* (: *tit*) 172,24; (: *quyte*) 349,14; *ʒit* (: *feit*) 56,19; 77,23; (: *sweit*) 199,17; 205,6.

Vokale in Nachsilben.

Das ae. Suffix -ere der nomina agentis reimt als -ere (oft are geschr.): *ledere* (: *were*, nfrz. guerre) 1,29; (: *spere*) 73,15; *fechtsrs* (: *deres* v. ae. derian) 407,13; *doere* (: *neir*) 402,16.

Oft reimt diese germanische Endung mit dem afrz. Suffix -ier, -iere: *ledere* : *bachilere* 97,29; *huntaris* : *bacheleris* 175,22; *luffaris* : *maneris* 171,21; *murderers* : *bachilers* 393,24; *berer* : *baner* 315,18; *keper* : *depender* 321,27.

Die Komparationssuffixe sind -er und -est (oft auch mit a geschr.). *swifter* (: *beir* inf.) 14,31; *worthiest* (: *best*) 252,26; 273,19; *stoutest* (: *best*)27,2

Teils durch Suffixvertauschung, teils durch die schwankende Aussprache des Vokals der Endsilbe erklären sich die folgenden Reime: *messingare* : *mare* 282,31, reimt sonst stets als *messingeir*. — *laseir* : *gere* 18,32; : *weir* inf. 44,17; *cruell* : *staill*, ae. steal 65,8, reimt sonst stets auf ell. — *chassaris* : *flearis* 88,20; *damysell* : *hale* 156,1, jedoch : *well* 159,18; *battel* : *tell* 308,26; : *will* 163,3; : *sall* 327,18; *counsall* : *weill* 205,7; *nurtour* : *Mounflour* 110,30; *tresour* : *honour* 339,16; *eventure* : *honour* 118,30; 267,29; *azour* : *colour* 155,17; *coveratour* : *colour* 426,10; : *paramour* 129,26; *honore* : *more* 116,26; *armour* : *honour* 328,17; : *flour* 39,9; *fetus* (afrz. faitis) : *joyus* 191,15; *palyce* : *avyce* 274,4; : *wis* 424,6; daneben *palais* : *playis* 174,1; : *prayis* 321,32; *common* : *done* part. 262,24; doch *commounis* : *barrounis* 293,16.

B) KONSONANTEN.

Ohne b erscheinen die nur aus dem Vi. zu belegenden

Wörter *dum* (ae. dumb), *wame* (ae. wamb), forner *nuiner*, *encumer*, *humil* uud deren Ableitungen.

Ae. f ist assimiliert worden oder ausgefallen in *lemman*, *heid*, *lord*, *lady*, *sparhalk* und in den Verbalformen *has* und *had*. Ausgefallen ist es auch in *our*, ae. ofer, und einmal in *ʒe ha* (: *ga*) 419,15. Zwischen Vokalen, auch vor stummem Auslauts-e, erscheint die labiodentale Spirans bald als **f**, bald als **v**, seltener als **w**.

Ae. swâ begegnet als *sa* und *swa*. — Vokalisiert hat sich ae. w in *sorow* (: *trow*) 298,11. — Für den Anlaut w zeigt sich öfter v und umgekehrt.

Vom Auslaut eines vorhergehenden *that* zum Anlaut des folgenden Wortes gezogen wurde t in *the tane*, *the ta*, *the tother*. Am Wortende hinzugefügt erscheint t in *thocht* (au. þoh) und *wunt* (ae. gewun*)*. — Zu d wurde es in *jeopardy;* goblieben ist es iu *the fift*, *sixt*.

Noch ohne angetretenes d waren zur Zeit des Dichters *len*, ae. lênan (: *men*) 373,28; *lennys* (: *kennys*) 332,14; *soun*, lat. sonus (: *presoun*) 195,10; *soundis* (: *clariounis*) 353,1. Dagegen zeigt sich ein unorganisches d in den Wörtern *haltandly*, *suddand*, *suddandly* (aus dem Vi.). Ausgefallon ist d oft bei *lorship*, *franship*, *hansell* (Vi.).

Meist noch mit d, doch auch schon mit th, finden sich die Wörter *fader*, *moder*, *wedder*, *quhidder*, *hidder*, *thidder*, *togidder;* für den Dichter ist hier überall noch die Aussprache d anzunehmen. Ae. hundred erscheint als *hundreth* (Vi.) wohl unter Einwirkung von an hundrað. — An. tiþindi findet sich in zwei Formen, *tithand* (: *land*) 253,14; *tythandis* Plur. (: *standis*) 244,29; (: *landis*) 204,24; *tything* (: *cousing*) 245,15.

Im Auslaut ist d zu t geworden bei ae. -weard : *outwart* (: *hart*) 416,12; *frawart* (: dart) 58,5.

Die afrz. Endung -ant erscheint meist als -and wohl unter dem Einfluss der Participialendung -and. (Vgl. Schleich, a. a. O. p. XXXII f. und Anm. zu v. 631) : *he makis sembland* (: *hand*) 369,31; 251,9; *warrand* (: *fechtand*) 69,28; (: *hand*) 64,27; 43,24; 184,26. (Sehr wahrscheinlich ist daher auch unter Annahme reichen Reimes der Uebergang zur dentalen Media in *warrandy* (: *hardy*) 138,2); *avenand* (: *apperand*) 140,18; (: *delyverand*) 170,10; *recryand* (: *land*)

114,19. — Absolut zwingend sind diese Reime freilich nicht, da ursprüngliches -nd und -nt, sowohl germanischer als romanischer Herkunft, vom Dichter in den Reimen nicht streng geschieden werden. Wir finden das Part. und Praet. von *send* im Reime mit *defend* (Inf.) 1,7; *end* 216,10; *commandment* 104,13; *distrengement* 172,3; ferner *sent* (Conj. Praes.): *turment* 7,30; *sa God me mend* reimt sowohl auf *end* 334,29 als auch auf *hardement* 335,9. — Vgl. über diese Erscheinung Zupitza, Guy of Warwick, Preface p. XII; Max Kramer, „Sprache und Heimat des sogen. Ludus Coventriae“, Halle, Diss. 1892, p. 41 f.

Auslautendes ae. þ hat sich zu d gewandelt in den stets auf d reimenden Wörtern *deid* (ae. dėaþ), *feid* (ae. fǣhðu), *ferd* (ae. fėorþa). z. B. 25,13; 36,28; 111,11; 120,2: 392,27; 397,16; ferner in *quod* (nur im Vi.): zu t in *hicht* (ae. hiehðu) 122,22; 160,9; 228,27.

Erhalten ist ae. ð noch in *I couth* (: *mouth*) 442,1.

Nur graphisch ist das gelegentliche Vorkommen von ch, cht statt th (vgl. Murray, a. a. O. p. 128), z. B. *alswycht* (: *styth*) 142,20; *strench* (statt *strenth*) 285,16; *baichit* 270,7.

Auslautendes s ist noch stimmlos in *was, wes* (: *spais*) 4,30; (: *solace*) 190,8; (: *imbrais*) 40,32; (: *preis*) 31,2; 36,31; (: -*ness*) 48,25; 88,10: (: *riches*) 17,32; ferner als flexivisches s: *gris* (: *face*) 394,23; (: *space*) 231,25; *mais* (: *pais*) 10,10; (: *fais*, frz. face) 165,27; *hes* (: *face*) 24,15; *is* (: *I wis*) 10,4; (: *kis*) 254,11; *presonis* (: *is*) 298,4; *battallis* (*counsale is*) 311,23; *prayis* (: *paleis*) 321,31; *his* (: *I wis*) 263,22; (: *blis*) 336,28.

Doch kommt es auch vor, dass stimmloses mit stimmhaftem s reimt, z. B. *house:spouse* inf. 108,3; *Emynedus:refuse* inf. 12,23; *enemeis: upryse* 55,28; *is: wys* (Subst. ae. wîse) 93,3. — Auch romanische Wörter auf -ise, -ice, wie *avise, devise, price, fantis* reimen bald mit stimmhaftem, bald mit stimmlosem s.

Aus dem Vi. ist noch anzuführen, dass sch, sh statt s erscheint bei *in schundir* (ae. on sundran), *schire* (afrz. sire), *isch* (afrz. issir), dass die Verba inchoativa meist auf is, seltener ish endigen, und dass statt ae. sc bei *sall, suld* der Anlaut s ist.

Frz. mouilliertes n im Auslaut wird zu ng in *lyng* (: *swyng*) 33,12.

Ae. beforan findet sich als *before* (: *more*) 71,4 und als *beforn* (: *borne*) 110,7; 195,20.

Im Vi. begegnen *on bak, on way* neben *abak, away*, ferner ae. -ræden als -rent in *manrent, lufrent, hatrent*, und *Monunday* mit noch erhaltenem flexivischen n.

Ae. l ist geschwunden in *sik* (nur im Vi.), dagegen noch nicht in den ebenfalls nur aus dem Vi. zu belegenden Wörtern *mekill, lytill, ilk, quhilk*. — Ae. ealswâ setzt sich fort in den Formen *alswa, alsa, as* (Vi.), *als* (: *hals*) 371,22; 390,18.

Mouilliertes l reimt in der Regel nur mit sich selbst, höchst selten auch mit anderem l.

Der Laut r ist noch nicht umgesprungen in *thrid, thritig* (Vi.); wohl aber findet sich die Metathesis schon in *wrocht, brest, frest, throuch* (Vi.).

Die Palatalisierung des ae. c ist noch nicht eingetreten in *speik* Subst. (: *eik*) 331,9; (: *seik*) 170,3; (: *meik*) 174,11; 213,14; 270,12; *rike* Subst. (: *strike*) 415,15; 149,27; (das Adjektiv lautet *rich* (Vi.); vgl. Schleich, a. a. O. p. XIV.); ferner in *ilk, everilk, quhilk, sik, mekill, strek, reik, dike* (Vi.).

Ausgefallen ist ae. c in der überaus oft im Reim anzutreffenden Adverbialendung *-ly*; nur im Vi. finden sich ein paar mal die Formen *helplike, manlike, dedlike, knichtlike;* ferner in dem Pronomen *I* 93,6; 259,22; 253,26.

Die Fortbildungen von ae. macian und an. taka erscheinen bald mit, bald ohne Verkürzung des Stammes: *ma* (: *ga*) 11,14; *mak* (*saik*) 13,12; *mais* (: *pais*) 10,10; *makis* (Vi.) 7,19; *maid* (: *raid*) 3,14; *makit* (Vi.) 424,20; *ta* (: *ga*) 2,1; *take* (: *strake*) 73,18; *tais* (: *fais*) 25,16; *takis* (Vi.) 32,12; *tane* (: *gane*) 3,30; *takin* (Vi.) 1,26.

Statt g tritt c ein unter Einwirkung des Praeteritopraesens *can* in dem sehr häufigen auxiliar gebrauchten Praet. *can*, an dessen Stelle gelegentlich auch *couth* tritt: *The tane half to erd can ga* 50,7; *All in schunders he couth him schaik* 50,26.

Ae. g erhält sich in der Konjunktion *gif*; vgl. Murray, a. a. O. p. 230; ae. gewis erscheint als *I wis*, genôh als *aneuch, yneuch*, geôode als *zeid, zude*; abgesehen von diesen Fällen ist das ae. Praefix ge- geschwunden. Nur aus dem Vi. zu belegen sind *brig* mit erhaltenem, *strenth, knth* mit geschwundenem g.

Die Endung -ing der Verbalsubstantiva, welche sehr häufig mit Wörtern wie *king, bring, thing, ring* etc. reimt, hat auch oft das g abgeworfen und reimt mit *tyne* 20,5; 354,3; *syne* 192,20;

249,9; 265,13; 206,16; *thyne* 412,2; woraus hervorgeht, dass sich die Aussprache des auslautenden -ing der von -in näherte. Cf. Skeat, „Barbours Bruce" p. 637 f; Murray, a. a. O. p. 124. — Ebenso reimt *lyng* (frz. ligne) sowohl auf *swing* 83,12, als auch auf *syne* 274,11; *tyne* 301,27.

Graphisch wird andererseits oft g hinzugefügt in germanischen und romanischen Wörtern, die auf -in endigen: *cousing* (: *carping*) 175,15; (: *etling*) 144,24; dagegen *cousine* (: *lyne* part.) 434,7; (: *fyne*) 132,20; (: *wyne*) 136,21; ferner in *gaming, saming, basing* (Vi.) sowie an die Endung -in der Participia starker Verben, so dass diese Formen äusserlich oft mit dem Verbalsubstantiv zusammenfallen. Vgl. Lengert, Engl. Stud. XVII 368; „Lancelot of the Laik," ed. Skeat E. E. T. S. p. XVII.

2. Flexionslehre.

A) VERBUM.

Der Infinitiv ist, wie zahlreiche Reime lehren, endungslos. Die Ausnahme 387,19 *sane* (ae. secgan) r. m. *mane* (ae. mægen) ist wohl auf Rechnung des Reimzwanges zu setzen. Als Präpos. erscheinen vor dem Infinitiv *to, for to, till,* ferner *at* nur in *ado,* das noch seine ursprüngliche Bedeutung hat, vgl. 331,22; 374,6; 375,14.

Das Part. Praes. endigt auf -and, das Verbalsubstantiv auf -ing. Beide Endungen kommen ungemein häufig im Reime vor.

Die 1. Pers. Praes. Ind. ist im Singular flexionslos, auch wenn das Verb durch Objekt oder Adverb vom Pronomen getrennt ist: *I to ʒow aw* (: *aw*, an. agi) 12,24; (: *knaw*) 336,1; *I heir sie* (: *perplexitie*) 27,32; *I undirtake* (: *make*) 13,9; *That I upon thy helme se* (: *the*) 89,6. — Die Endung -is tritt in der Regel ein, wenn schon ein anderes, von demselben Pronomen I abhängiges Verbum vorhergeht; z. B. *I avow and hechting mais* (: *Fesonas*) 257,11; *I refuse nocht ʒour commanding, Bot avow and thairto hechtis* (: *fechtis*) 256,20; *I avow and undirtais* (: *rais*) 345,12. Auszunehmen ist nur *I requyre ʒow and pray* (: *day*) 125,14.

Die 2. Pers. des Singulars endet immer auf is: *thow gais* (: *fais*) 111,23; *that thow of menis* (: *tenis*) 109,30; *Thow lufis me nocht that sa me prayis* (: *neid wayis*) 11,30.

Die 3. Pers. hat durchgehends die Endung -is, deren Vokal

bei vokalischem Stammauslaut meist synkopiert wurde: *florishes* *(: pris)* 286,22; *assailis* *(: battalis)* 134,4; *mais* *(: pais)* 10,10; *tais* *(: rais)* 214,17; *gais* *(: face)* 394,23; *(: space)* 231,25. Die Endung fehlt in der im Vi. häufigen Wendung *me think;* vgl. Zupitza, Anz. f. dtsch. Altertum III 101.

Der Plural ist in der Regel endungslos, wenn ein persönliches Pron. Subjekt ist; sobald letzteres nicht der Fall ist, geht er auf -is aus. Diese Endung kann auch dann stehen, wenn das Subjekt zwar ein pers. Pron. ist, aber vom Verbum durch andere Satzglieder getrennt wird: *we se (: we)* 227,26; *we ly (: I)* 317,21; *ʒe say (: day)* 87,14; *(: perfay)* 115,13; *ʒe us say (: perfay)* 128,26; *the sleid that ʒe on ryde (: wyde)* 13,2; *ʒe me prayes (: neid wayes)* . 157,29; *thai drede (: steid)* 33,16; *thay fare (thare)* 108,18; *thay sa deir win (: sin)* 221,14; *the mare that thay of melle mak (: bak)* 377,17; *thay of Grece richt fast assailʒeis (: mailʒeis)* 373,32; *ʒon twa knichtis that ʒonder fechtis (: nichtis)* 145,26; *Erlis and barrounnis with him gais (: rais)* 327,2; *The king and Clarus fechtis (: hechtis)* 256,21; *all that him prayis (: paleis)* 321,31; *Engynis that thareto fallis (: wallis)* 123,5; dagegen *Instrumentis that thareto fall (: wall)* 139,19.

Das Praet. ist stets, auch in der 2. Pers. Sing., ohne Personalflexion: *The woundis that thow in Gaderis tuke (: buke)* 197,17; *thow in presoun lay (: day)* 417,30.

Der Conj. Praes. hat nie eine Endung, wie viele Reime beweisen.

Der Imperativ steht in der Regel im Sing. ohne Flexion, während er im Plur. auf -is ausgeht. Bei mehreren mit einander verbundenen Imperativen hat der zweite auch im Sing. oft die Endung -is: *undirstand (: hand)* 345,6; *behald and se (: we)* 115,27; *ga heir and ta (: ma)* 315,3; *Ga to the King and tellis him* (Vi.) 9,19; *lordis, woydis (: bounteis)* 285,14.

Starke Konjugation.

Der Plural des Praet. der starken Verben hat den Ablaut des Singulars angenommen. Das Part. Praet. hat die Endung -in (auch en, ing, yng geschr.), welche 336,3 selbständig im Reime erscheint: *cummine* r. m. *devine*. Ohne dieselbe begegnen die Part. *writ (: it)* 404,2; *bet (: great)* 397,1, von denen das letztere vielleicht als schwache Form anzusehen ist.

Die Reime bieten uns folgende Formen starker Verba:

Kl. I a: *speke* inf. 184,3; *brak* praet. 60,7; *geif* inf. 309,26; *forgeif* inf. 247,16; *gaif* praet. 40,6; daneben *geif* praet. 224,8; *forgevin* part. 117,8; *get* inf. 8,29; *gat* praet. 356,6; *sie* inf. 6,23; *saw* praet. 3,23; *sene* part. 1.23; *sat* praet. 34,4; *sittin* part. 441,28; *bad* praet. 60,23; *ly* inf. 9,5; *lay* praet. 53,32; *lyne* part. 434,6; *eit* inf. 248,6.

Kl. I b: *stall* praet. 354,7; *heir* inf. 27,22; *bair* praet. 50,28; daneben einmal *bere* praet. 354,26; *borne* part. 155,8; *forborne* part. 351,11; *schere* inf. 63,23; *schare* praet. 47,29; *shorne* part. 128,10; *cum* inf. 187,16; *come* praet. 324,12; *cumin* part. 108,20; *nome* praet. 127,21; *nommin* part. 120,19.

Kl. I c: *brest* inf. 326,12; *brast* praet. 5,27; *brest* praet. 384,4; 74,6; *brist* praet. 219,31; *brest* part. (schwach) 286,7; *zeild* inf. 121,10; *forzeld* inf. 198,28; *ficht* (geschr. *fecht)* inf. 29,7; *faucht* praet. 80,11; in schwacher Form begegnet *kervit* praet. 413,4; *begin* inf. 19,4; *began* praet. 42,6; *begunnin* 345,16; *begouth* praet. Vi.; *wyn* inf. 135,1; *wan* praet. 317,25; *wonnin* part. 375,27; *spring* inf. 22,10; *swyng* inf. 33,11, *thring* inf. 399,19; *wrang* praet. 393,13; *dyng* inf. 39,29; *dang* praet. 34,12; *bynd* inf. 97,1; *finde* inf. 121,23; *fand* praet. 84,17; *ran* praet. 8,25. Von an. brenna beeinflusst ist das schw. Praet. *brint* und *brent* 374,27; 219,26.

Kl. II: *smait* praet. 406,22; *wrait* praet. 432,6; *writtin* part. 441,27; *writ* part. 404,2; *byde* inf. 139,11; *abyde* inf. 214,5; *baid* praet. 285,9; *abaid* praet. 98,6; *glyde* inf. 81,20; *glaid* praet. 91,8; *ryde* inf. 13,2; *raid* praet. 3,14; *riddin* part. 122,17; *umbestrade* praet. 125,29; *stridin* part. 122,16; *ryse* inf. 287,32; *rais* praet. 121,29; *strike* inf. 149,27; *straik* praet. 39,16; *the* inf. 210,22; *claif* praet. 58,11; *drive* inf. 91.24; *drave* praet. 38,24; *ourdryven* part. 117,9; *shane* praet. 77,19; *shein* (: *armin*) praet. plur.? 26,29. Aus dem An. entlehnt ist *ryf* inf. 262,8; *raif* praet. 400,25.

Kl. III: *lout* inf. 131,2; *forbeid* inf. 209,22; *lorne* part. 361,29; *forlorne* part. 382;31; *dre* inf. 150,29; *le* inf. 169,12; *flaw* praet. 380,25; *fle* inf. 131,6 bildet das praet. *fled* (von ae.* flêdan) 368,16; *clovin* part. 80,25.

Kl. IV: *forsaik* inf. 52,23; *schaik* inf. 50,25; *schuke* praet. 398,7. Aus dem An. gehört hierher *tak* (*ta*) inf. 73,17; 2,1; *tuke* praet. 111,30; *tane* part. 3,29. In schwacher und starker Form

reimt das auf ae. cwacian zurückgehende Verbum *quake* inf. 147,12;
quoik praet. 47,14; *quaked* praet. 362,21; *draw* inf. 135,30; *dreuch*
praet. 285,21; *drew* praet. (nach Kl. V) 250,13; *drawin* part. 358,24;
withdraw inf. 70,5; *withdrew* praet. 90,27; *leuch* praet. 171,31 ; *sla*
(an. slâ) inf. 60,5; *slew* praet. (nach Kl. V gebildet) 55,6; *slane*
part. (: *ane*) unter Einwirkung des Infinitivs 178,27; *slane* part.
(: *agane*) ae. slægen 4,6; *slane* part. (: *drawin*) ae. slagen 97,14 (cf.
Zupitza, Guy 1126; Brandl a. a. O. p. 68); *fare* inf. 118,17; *swere*
inf. 259,17; *swair* praet. 62,4 nach Analogie der Verba Ia (cf. Zupitza, Deutsche Litteraturzeitung 1883 Spalte 814); *sworne* part.
408,31; *stand* inf. 94,10; *stude* praet. 75,20; *withstand* inf. 53,22;
understand inf. 84,18; *understude* praet. 419,22; *ganestand* inf. 62,1;
shupe praet. 399,32.

Kl. V: *hald* inf. 71,6; *behald* inf. 176,15; *beheld* praet. 8,12;
fall inf. 64,14; *befall* inf. 16.2; *fell* praet. 30,17; *befell* praet
237,23; *gang* inf. 23,3; *dread* inf. 20,12; *reid* inf. 110,28; *blaw* inf.
35,7; *blew* praet. 70,23; *knaw* inf. 41,18; *knew* praet. 235,8; *knawin* part. 312,22; *thraw* inf. 9,7; *threw* praet. 37,22; *waw* inf. 8,15;
weip inf. 111,26; *grew* praet. 39,26. — Aus dem ae. redupl. Praet.
hecht hat sich ein schwaches Verbum *hicht* (auch *hecht* geschr.)
entwickelt mit der Bedeutung heissen, vorheissen, welches wie
dycht schwach konjugiert wird. Vgl. Zupitza, Guy 169. — *hecht*
inf. 112,10; 19,32; *hecht* praet. 2,12; 42,21; *hecht* part. 118,13;
257,2. Vereinzelt kommt die Form *I het* (praes.) vor im Reime
mit *set* 204,27. — Zur schwachen Konjugation übergetreten sind
shed inf. 378,21; *shed* praet. 34,18; *shed* part. 368,17; *beat* inf.
370,15; *bet* praet. 85.3; *bet* part. 397.1.

Schwache Konjugation.

Die Endung des Praet. und Part. der schwachen Verben
ist -it (auch yt, ed geschr.): *fellit* (: *tell it*) 411,13; *avowit* (: *allow
it*) 372,31. — Statt -it tritt an den Stammauslaut l, r, n oft
blosses t oder d, an f oder s oft blosses t an: *cald* praet. (: *ald*)
136,6 (Im Vi. begegnet nur die Form *callit* oder *called*); *werd*
praet. (: *beird*) 191,10; 405,18; *ferd* praet.: *hard* part. 415,11; *wend*
praet. (: *end*) 392,19; *kend* praet. (: *end*) 177,3; *tynt* praet. (: *dynt*)
65,32; *reft* part. (*eft*) 167,14; *beft* praet. : *left* praet. 144,9; *past*
praet. (: *brast*) 5,28; *left* part. (: *eft*) 158,27; 331,16. — Im Vi.
finden wir neben einander Formen wie *fellit, felled, felt, feld; gart*,

gard; *weirit, werd*; *wenit, wend*: *reved, revid, reft*; *passed, passit, past*; *lossit, lost*; *dressit, drest* otc.

Bei Verbon, deron Stamm nit einem Dental schliesst, verschmilzt in der Regel die Flexion -it mit demselben; z. B. *send* part. (: *end*) 216,10; *sent* prnet. (: *hardement*) 144,31; *sent* part. (: *commandement*) 104,13; *discumfit* part. (: *wyt*) 178,26; *amend* part. (: *send*) 153,22. — Im Vi. stehen die volleron neben den contrahierten Formen, so *gyrd, gyrdit*; *stent, stentit*; *dred, dredit*; *bent, bendit*; *comfort, comfortit* etc.

Von den rückumlautenden Vorben finden wir folgende Formen in Reimen belegt: *tell* 34,16; *tald* 110,22; *sald* 280,24; *dwell* 135,12; *seik* 170,3; *socht* 36,14; *besocht* 312,6; *raucht* 6,4; *rocht* 374,11; *straucht* 57,24; *by* 31,24: *bocht* 111,18; *laucht* 214,29; *thocht* 44,31; *ymbethocht* 311,30; *taucht* 214,30; *bring* 4,22; *brocht* 84,5; *wrocht* 107,13.

Praeterito-Praesentia.

Dieselbon sind ohne jedo Personalflexion. In Reimen sind zu belegen:
he may praes. 23,7; *thow may* praes. 23,17; *micht* pract. 83,1; *mocht* praet. 44,30.

Im Vi. ist sehr häufig *man, mon* (für alle Personen) anzutreffen, stets in der Bedeutung „müssen" unter an. Einfluss.
sall praes. 215,20; *thow sall* praes. 344,4; *suld, sould* praet. nur im Vi.

can praes. 23,27; *couth* pract. 442,1;
dar praes. 87,18; *durst* prnet. nur im Vi.
aw praes. 12,24; *aucht* prnet. 6,25; *awin* part. 312,21.
wait praes. 290,19; *wist* praet. 426,30. Im Vi. finden sich ausserdem der Inf. *wit* und das Part. *wittin*.

Nur im Vi. anzutreffen sind ferner *I dow* und *I mot*.

Anomala.

a) wollen.

will praes. 28,2; *thow will* praes. 131,32; *wald* pract. (: *hald*) 87,20; *wold* pract. (: *gold*) 294,29.

b) thun.

do inf. 28,15; das Pract. lautet im Vi. stets *did*. Die Form *ded* (: *red*, ae. rêdan) 275,9 geht, wenn man hier nicht e : i-Reim annehmcn will, auf die ae. Nebenform dǽde zurück. Das Part. lautet *done* 12,17.

c) gehen.

ga inf. 2,2; *ʒeid* praet. 117,14; *ʒude* praet. 173,11; *gane* part. 3,29.

d) haben.

haif inf. ebenso wie *haid*, *had* praet. und part. in zahlreichen Reimen zu belegen. Das Praesens lautet im Singular *has* ausser unmittelbar nach dem Pron. *I*, wo *have* eintritt. *I have* (: *lave*) 399,16; *I lufe and lemman has* (: *Ideas*) 100,22. Im Plural erscheint unmittelbar nach dem Pron. die Form *have*, sonst *has*. Vereinzelt ist die verkürzte Form *ʒe ha* (: *ma* inf.) 419,15.

e) sein.

Sehr häufig erscheint in den Reimen der Inf. *be* und das Part. *bene*. Im Singular begegnet die 1. Pers. Praes. bei unmittelbarer Verbindung mit dem Pron. *I* in der Form *am*, die jedoch in den Reimen nicht vorkommt, andernfalls als *is*; z. B. *I sa heyit is* (: *wis*) 199,25; *I of ʒouris als sesit is* (: *wis*) 205,22. — Einmal erscheint in diesem Falle die Form *be* (: *me*) 167,19. Die 2. Pers. lautet im Vi. stets *art*, sobald das Pron. *thow* unmittelbar vorhergeht, sonst *is*. Im Reime finden wir: *to lof thow is* (: *pris*) 34,22; *quhen thow in thy countre is* (: *devyse*) 418,14. Die 3. Pers. hat immer die Form *is* 10,4; 13,21. Im Plur. lautet die 1. und 2. Pers. *ar* (auch *are, air* geschr.): *we fundin ar* (: *cair*) 20,14; *we are* (: *fare*) 118,21; *we all assemblit are* (: *hare*) 253,9; *ʒe travellit are* (: *sair*) 78,27. Die 3. Pers. Plur. lautet *ar*, sofern das Pron. *thay* unmittelbar vorhergeht: *thay ar* (: *war* praet.) 374,15. Andernfalls wechselt *is* und *ar*; so steht *ar* 4,16; 57,8; 61,22; 76,32; *is* 18,26; 171,24; 180,25; 197,6. Zweimal findet sich auch die Form *ere* (geschr. *are*) r. m. *heir*, ne. hêr 170,26; r. m. *ere*, ae. ǽr 436,2. — Für die 3. Pers. des Sing. und Plur. steht im Vi. auch öfter die Form *be* oder *beis*. Der sehr häufig angewandte Conj. des Praes. lautet in allen Personen *be*.

Der Sing. des Praet. reimt als *was* 275,12; 2,4; 22,26; *wes* (meist *was* geschr.) 17,32; 31,2; 36,31; *wer* 175,32.

Im Plur. stehen neben einander die Formen *ware* (*wair, war*) 1,21; 3,30; 5,32; 21,27; *were* (*weir, wer*) 2,20; 55,15; 88,17; 94,2; *was* (stets vom Personalpronomen getrennt) 59,27; 229,10; 232,9; 269,10. Das Praet. Conj. lautet im Sing. und Plur. *were* oder *ware*.

B) NOMEN.

Der Genitiv Sing. der Substantiva wird, soweit er nicht durch die Präpos. *of* umschrieben ist, durch die Endung -is gebildet, welche gelegentlich auch fehlen kann.

Belege nur aus dem Vi: *luffis presoun* 290,23; *brotheris dede* 111,11; *the woddis syde* 182,8; *the King of Grecis saik* 141,18; *the King of Grecis tent* 194,23; 196.15; *the Kingis dochter of Nuby* 101,31. — Ohne Endung: *sister sone* 40,24; *of thair mother syde* 113,23; *the watter syde* 139,10; *to the forrest end* 216,9; *before the Sone rysing* 347,29; *at the day rising* 215,22; *at the battell beginning* 24,5; *thyne ending day* 393,23.

Ein schwacher Genitiv hat sich erhalten in *Monunday* 293,15; 297,15.

Der Plural wird mit der Endung -is gebildet; *presonis* (: *is*) 298,4; *battallis* (: *counsale is*) 311,24; *speiris* (: *it deris*) 209,13; *his feiris* (: *he steiris*) 363,22.

Von schwachen Pluralbildungen finden wir *ene* und *oxin* (Vi.); auf -er endigt stets der Plur. *childer* (Vi.); durch Umlaut werden gebildet *men* 34,9; *feit* 225,21; *ky* 2,5; *teith, brether, lemmen women* (Vi.).

Ohne Pluralzeichen stehen die Wörter *hors, sheip, foul* (Vi.), *ʒeir* 285,5; *scoir* 10,31; *dozen* 80,26; *pund* 262,16; ferner, wohl nur mit Rücksicht auf den Reim: *furreir* 112,12; *indeanis and persand* 131,16; 145,16; *barroun* 117,25; *the Bauderane* 150,25; *pece* 300,7; *place* 421,32; 68,21.

Der Gen. Plur. endet auf -is in *the bretheris speris* 33,10; ist endungslos nach s in *undir hors feit defoulit* 401,29; *thair fais great stoutnes* 47,18; 47,21.

Der ae. Dat. Plur. hat sich erhalten in *quhilum* (Vi.).

Die Adjektiva sind flexionslos. Ein Rest der ae. Deklination findet sich noch in den Formen *greatumly* (häufig im Vi.) und *althir* (ae. ealra) *first* 162,26.

Von der Komparation war schon weiter oben die Rede.

Das Personalpronomen hat folgende Formen:

1. Pers. *I*, *me*; *we*, *us*;
2. Pers. *thow*, *the*; *ʒe*, *ʒow*;
3. Pers. *he*, *him*; *scho*, *hir*; *it*, *it*; *thay*, *thame*.

Während im Vi. immer die Form *scho*, *sho* steht, reimt einmal *sche* 409,16. Statt des Cas. obl. *hir*, welcher im Vi. stets in dieser Form begegnet, finden wir einmal im Reime *him* or *her* (: *messinger*) 209,1. Oder ist hier in *hyne* or *her* zu ändern? Cf. 199,32; 331,30; 333,30.

Das Possessivum erscheint als *my*, *thy* (vor Vokalen und h meist *myne*, *thyne*), *his*, *hir*, *our*, *ʒour*, *thair*.

Der Plur. von *this* ist *thir*; der von *that* ist *tha*.

Die ae. Instrumentale þŷ und hwŷ finden sich noch in den Reimen als *quhy* 166,8; 177,12; 266,24; *forthy*, *nochtforthy* 20,26; 54,20; 56,23; 61,21; 88,6.

Das Relativum lautet im Nom. und Acc. meist *that*, daneben *quilk*, *quhilk that*, *the quhilk*, nur einmal *at* 130,20, während *at* weit häufiger anstatt der Konjunktion *that* steht; im Gen. *quhais*, im Acc. auch *quhame* und *quhome*.

Als Interrogativum erscheint *quha*, *quhat*, *quhilk*.

VI.

Dialekt und Orthographie.

a) *Dialekt.*

Aus der vorstehenden Untersuchung der Laute und Flexionen des B. A. ersehen wir, dass dieses Denkmal in Schottland entstanden ist. Der Dichter nennt seine Sprache noch „*Inglis keid*" 107,21; der Name „Scotish" wurde für den südschottischen Dialekt erst gegen das Ende des 16. Jahrhunderts allgemein. Vgl. Murray, a. a. O. § 14.

Dass das B. A. in diesem Dialekt geschrieben ist, beweist in lautlicher Hinsicht vor allem die Erhaltung von ae. ā, das Eintreten von -ald für ae. -eald, von u für ae. ō, von i für ae. y, die schon in den Anfängen bemerkbare Monophthongisierung von ai zu a, das mehrfache Unterbleiben der Palatalisierung des ae. c.

Was die Flexionen anbetrifft, so sind hier besonders hervorzuheben die Endungen -is im Praesens, -it im Praet. und Part. der schwachen Verba, -ing beim Verbalsubstantiv und -and beim Part. Praes., das Erhaltenbleiben der Endung -in bei den starken Participien, das Fehlen der Flexion beim Infinitiv und des Praefixes y- (ae. ge-).

Auch in graphischer Hinsicht haben wir die Kennzeichen des Schottischen, so die Schreibung quh für das ne. wh, ch für nc. gh, die häufige Vertauschung von anlautendem w und v, die Anfügung eines i an lange Vokale.

Ausserdem weisen noch viele Einzelheiten auf diesen Dialekt hin, so der häufige Gebrauch von *till* anstatt *to*, *into* anstatt *in*, die Verwendung der Wörter *quhil*, *but*, *fra*, *to*, *at* in doppelter Funktion, als Konjunktionen wie als Präpos., das Vorkommen von *begouth* für *began*, *syne* ausschliesslich als Adverb, *sen* nur als Konjunktion; Wörter wie *anerly*, *foroutin*, *gretumly*, *sik*, *thusgait*, *swagait*, *nagait*, *swakin*, *nakin*, *quhatkin*, *sumkin*, *seirkin*, *sikkin*, *alkin* u. a. m.

Auch darauf ist noch hinzuweisen, dass die Zahl der Entlehnungen aus dem An. ziemlich gross ist, und dass ferner die in den meisten schottischen Denkmälern jener Zeit anzutreffenden, unverändert aus dem Frz. übernommenen Wörter (cf. Murray a. a. O. p. 58) im B. A. ganz besonders häufig sind.

b) *Orthographie*.

Wenn Ward a. a. O. p. 149, hauptsächlich wohl durch die irrtümliche Identificierung des Druckers mit dem Dichter Alexander Arbuthnot bewogen, vom B. A. sagt, es sei „probably to some extent modernised by the publisher, himself known as a poet", so habe ich für diese Annahme Anhaltspunkte nur in der Orthographie des Denkmals finden können. Die Schreibweise zeigt allerdings in vielen Einzelheiten bereits das Gepräge des 16. Jahrhunderts, wobei es unentschieden bleibt, ob diese Modernisierung von Arbuthnet selbst herrührt oder von dem Schreiber einer spät entstandenen Handschrift, welche dem Drucke möglicherweise zu Grunde lag.

So hat der unbestimmte Artikel auch vor Konsonanten schon durchweg die Form *ane*, eine Erscheinung, welche erst gegen die Wende des 15. und 16. Jahrhunderts allgemeiner ward. Vgl. Murray a. a. O. pp. 55-57.

Auch findet sich im Vi. bisweilen schon die Verkürzung *not* an Stelle der sehr oft reimenden volleren Form *nocht*, ferner sehr häufig für die Flexionen -in, -is, -it die Schreibung -en, -es, -ed oder blosses -s für -is (Murray a. a. O. p. 155), letzteres sogar da, wo das Aussehen des Reimes oder der Rhythmus dadurch gestört wird; z. B. *commouns*: *barrounis* 293,16; *pavillons*:*blasonis* 276,24; *ʒour words ar sa wonder wyse* 113,2; *The duke said*:

Schir, be Gods micht 115,17; *And mony uthir knichts kene* 128,19; ferner 119,1; 119,22; 121,3; 134,8; 143,22; 153,25; 176,22; 180,14; 238,1; 344,7; 361,1; 337,29 etc.

Vereinzelt zeigt sich schon ea statt e, so gelegentlich in den Wörtern *easit, tearis, great, head, swe·it, eat, meat, drend, dead, death, heavy, peace, leave, measure, weary, deal, threat, break, appear, beat, heaven, treason, read, hear, lean, realm.*

Die durch den Reim gesicherten Formen *ʒing* und *speke* (Subst.) stehen im Vi. meist in der südlicheren Form *ʒoung, speche*; auch der Reim *ʒoung: sloung* 133,13 ist wohl erst nachträglich aus *ʒing: sling* geändert worden.

Die Schreibung o für ac. â zeigt sich im Vi. bei *smot, sory* sehr häufig, bei anderen Wörtern nur ganz vereinzelt.

Nur ganz selten zeigen sich schon die Pluralformen *utheris, quhilkis* (Murray a. a. O. p. 57), nicht minder selten auch das stumme, unorganische 1 (Murray a. a. O. p. 54), wie in *ʒeild* 425,2; *talk* 318,8; 200,3; *walk* 121,28; 427,16; regelmässig dagegen in *chalmer.*

Die erst am Ende des 16. Jahrhunderts allgemeiner werdende Bezeichnung der Vokallängen durch Anfügung eines i zeigt sich im Arbuthnetschen Drucke schon in überwiegendem Masse durchgeführt. Durch blosses a finden wir andrerseits fast durchweg im Inlaut die ursprünglichen Diphthonge ai und ei wiedergegeben, deren Monophthongisierung, wie wir sahen, zur Zeit des Dichters noch im Anfangsstadium stand, zur Zeit des Druckers aber bereits vollständig durchgeführt war. Vgl. Murray a. a. O. pp. 52-53. — Ausser durch i wird die Vokallänge auch, so fast ausnahmslos vor m und n, durch ein stummes o am Wortende ausgedrückt. Doch schliessen diese beiden Dehnungszeichen einander aus. So haben wir neben einander *raid* und *rade; heir, here; scoir, score; tuik, tuke* etc.

Aelteres ô ist in den meisten Fällen bereits durch u (ui) ausgedrückt (Murray a. a. O. p. 51); die Reime zeigen oft Schwanken: *quoik: tuik* 47,14; *quoke: luke* 412,31; *wode: gude* 115,2; *wod: stude* 225,7; *brother: uther* 330,21.

Für älteres o und u erscheint bald o, bald u, bisweilen auch schon i oder y für ac. u; z. B. *sondir: undir* 397,24; *cumin: nommin* 108,19; *begunnin: wonnin* 357,26; *begunnin: winnin* 345,15;

wyn (ae. wunian): *son* (ae. sunc) 437,24; *worth*: *furth* 224,27;
word:burd 273,27.

Betontes e wird im Auslaut oft durch ie wiedergegeben.

Auffällig ist das wechselseitige Schwanken in der Schreibung
von e und i und die dadurch nicht selten herbeigeführte Störung
des Aussehens der Reime. Noch weit häufiger findet ein der-
artiges Schwanken zwischen a und e statt. Einige Wörter begegnen stets oder doch fast stets mit e geschrieben, reimen aber
immer mit a, so *hes* und *ʒet* (ae. geat). Manchmal steht in beiden
Reimwörtern der unrichtige Vokal, so

e für a: *het* (ae. hât): *ʒet* (ae. geat) 150,1; *heat* (ae. hât):
debeat 359,2; *purches*: *hes* 177,23; *velvet*: *ʒet* (ae. geat) 330,1;
velvet: *set* 242,3 (vgl. 303,12).

a für e: *wald* (inf.): *fald* 318,19; *pras*: *was* 223,19; *bare*
(inf.): *war* 323,20; *ledar*: *war* (frz. guerre) 77,3.

Wörter, welche in zwiefacher Gestalt vorkommen, sind bisweilen vertauscht worden, so dass auch auf diese Weise ein durchaus richtiger Reim als unrein erscheinen kann: *ʒeid* (praet.): *blude*
95,1; 53,2; *mocht* (praet.): *hecht* · 392,6; *then*: *tane* 117,10; *than*:
men 60,17; *wes*: *space* 84,28; *was*: *preis* 84,2:; *riches* 17,32; *war*
(praet.): *spere* 98,20; *were* (praet.): *sair* 73,7.

VII.
Metrik.

1. Versbau.

Der eigentlichen Betrachtung des Versbaues sei folgendes vorausgeschickt: Das auslautende unbetonte e, welches im Süd-schottischen am frühesten verstummte und schon zu Barbours Zeit nicht mehr gesprochen wurde (vgl. „Bruce“, ed. Skeat p. 629), wird auch im B. A. nicht mehr als besondere Silbe gerechnet. Flexivisches -is und -it kann, gleichviel welcher Laut vorbergeht, je nach Erfordernis vom Dichter bald als besondere Silbe gezählt, bald durch Synkope des vokalischen Elementes mit der Vorsilbe verschmolzen werden. Aus dem Romanischen entlehnte Wörter tragen den Accent bald auf der ersten, bald auf der letzten Silbe. Auch bei germanischen Wörtern findet sehr oft mit Rücksicht auf den Rhythmus eine Verschiebung des natürlichen Accentes statt, und die infolgedessen anzunehmende schwebende Betonung ist nicht selten sehr hart und unnatürlich, wie wir dies bei Be-trachtung der Reime noch des weiteren sehen werden.

Das Versmass, in welchem das B. A. verfasst ist, ist das im Norden Englands so beliebte viertaktige kurze Reimpaar (cf. Schipper, Englische Metrik I 258). Die Verse begegnen teils mit, teils ohne Caesur; diese steht im ersteren Falle häufiger nach der zweiten Hebung als an anderen Stellen. Nach vorausgebendem einsilbigen Auftakt wechseln Hebung und Senkung gleichmässig

ab, so dass also der regelmässig gebaute Vers acht, bei weiblichem
Ausgang neun Silben hat. Doch finden sich ungezählte Abweichungen von dieser Norm, da der Dichter sein Metrum ganz
in der freien und willkürlichen Weise behandelt, die man bei so
vielen im Norden entstandenen me. Denkmälern beobachten kann.
Cf. Schipper a. a. O. I 260 ff. Besonders häufig geschieht der
Regelmässigkeit des Verses dadurch Abbruch, dass sich die oft
ungefügen Eigennamen nicht recht dem Rhythmus anpassen wollen.
Infolge der freieren Behandlung des Metrums schwankt denn auch
die Silbenzahl der Verse des B. A. von sechs bis hinauf zu zwölf.
Es ist also keineswegs eine falsche Bescheidenheit, wenn der
Dichter uns am Schlusse auch hinsichtlich der dichterischen Form
seiner Uebersetzung um freundliche Nachsicht bittet:

> *Bot thocht I failʒeit of ryming,*
> *Or meter or sentence, for the rude*
> *Forgif me, for my will was gude . . . .*

Die wichtigsten Modifikationen, die sich für die Gestalt des
Verses ergeben, sind die folgenden.

A. Die Senkung.

a) Eine Senkung fehlt. Dies ist am häufigsten nach der
zweiten Hebung der Fall.

And mony steid stith sterand 26,30.
And armit thame full cumly 28,27.
In joy, gammin and solais 326,17.
Be God, said that palasyne 209,10.

Ferner *12,27; 30,5; 45,29; 47,4; 48,28* etc.

b) Weit häufiger findet doppelte Senkung statt.

Upone the samyng wyse he gart ly,
For he gaif thame na:ie uther mercy 31,29 f.
To bring us of this perplexitie 23,1.
And sawe the Gadderis ouertak the feld 10,25.
Perfay, this message is to refuse 12,23.
Sall nouther Tholomere na the King 10,13.

Ferner *9,32; 10,19; 11,6; 13,12; 14,10, 15,7; 15,23; 16,9; 16,32* etc.

c) Bisweilen findet sich innerhalb desselben Verses an zwei
Stellen doppelte Senkung.

Thay said that na men war thay that thare war 374,14.
And be the faith that I aw to the King 19,6.
The laif hes me answered at thair lyking 27,13.
He raid ane lytill tyme under ane hill 59,4.
The worst had citie or kingdome of land 115,1,

Ferner *124,8; 129,28; 131,32; 143,9; 170,29; 189,21; 202,23; 212,3; 226,17; 247,20* etc.

d) Auch dreisilbige Senkung kommt vor.

Wan all this warld under the firmament 403,12.
That I sall never sik ane uther se 395,10.
And mony ane fair body sone ly dead 82,31.
And thay of Bauderis that about him war 360,22.

Ferner *114,6; 155,19; 143,10; 182,4; 185,14; 236,9; 243,22; 320,23; 321,18; 328,31* etc.

Noch unregelmässiger sind die folgenden Verse gebaut:
Licanor, Antigonus and Floridas 2,9.
Gaudefere the bullony throw chevalry 406,1.
Lytill ar thay worth and can do bot small 317,31.
Fallow into chalmer baith great and small 299,5.

B. Der Auftakt.

a) Derselbe fehlt sehr häufig. so dass im Durchschnitt auf 12 Verse mit Auftakt immer ein mit der Hebung beginnender Vers zu stehen kommt.

Sould be sey cum to the toun 1,11.
Baith Constabill and ledere 1,29.
And ane Earle of mekill micht 2,11.

b) Gleichzeitig mit der Unterdrückung des Auftaktes fehlt an anderer Stelle eine Senkung.

Sic ane word say I wald 163,7.
Fesonas my sweit thing 161,2.
Quha had than sene Betys 143,28.
Hors, haubrek, scheld and spere 124,32.
Strenth, will and hardement 125,2.

Ferner *116,9; 126,9; 129,23; 138,22; 150,12; 178,9; 193,21; 199,17; 200,24; 213,14; 229,15; 248,24; 280,30; 285,26; 310,3; 311,21; 313,17; 322,15; 354,10; 374,7; 420,20* u. a.

c) Der Auftakt ist zweisilbig:

And gif thay mister to mak rescours 2,14.

Emynedus sais: Philot bew syre 9,18.

Bot gif we succour the sonar get 8,29.

Say to him but he us succour sone 12,16.

Ferner *8,26; 16,7; 16,28; 27,21; 36,19; 37,17; 39,16; 40,4; 40,18; 40,28* etc.

d) Neben zweisilbigem Auftakt findet gleichzeitig an anderer Stelle doppelte oder gar dreisilbige Senkung statt:

I sall have nane uthir, nowthir hyne nor heir 330,30;

That ane better nor he bare never spere 415,32.

Is me falling nathing bot dishonour 436,4.

Syne Achilles slew him tressonabilly 403,5.

Ferner *55,32; 60,4; 6,31; 65,28; 180,25; 247,33; 259,18; 383,7; 325,27* etc.

e) Der Auftakt ist dreisilbig. Auch in diesem Falle kann der Vers gleichzeitig noch eine doppelte Senkung haben:

Quhidder is better to byde or fle away 27,18.

And Emynedus with sevin hunder neir 422,20.

Outher to morne or upone setterday 394,16.

And of the Bauderane mannance and Porrus 281,31.

Ferner *126,7; 228,11; 319,5; 281,18* u. a.

Achtsilbige Verse, welche der natürlichen Betonung nach fehlenden Auftakt mit doppelter Senkung oder doppelten Auftakt mit fehlender Senkung verbinden, können bei Annahme schwebender Betonung als regelmässige angesehen werden.

C. Die Hebung.

Zwischen den vierhebigen Versen finden sich bisweilen auch solche mit drei oder fünf Hebungen:

a) Dreimal gehobene Verse.

How that thay thame pruffit 358,5.

Unarmed and syne cled 154,6.

To ganesay I na will 253,23.

In hart he maid gret cheir 342,9.

Quhare mony wounded ware 371,27.

Ferner *63,30; 235,19; 277,12; 279,6; 325,23; 375,18; 394,31; 431,16* u. a.

b) Fünfmal gehobene Verse. (Bisweilen haben selbst diese mehrsilbige Senkung aufzuweisen.)

The King sall never have na cause to say 13,32.
Of thir thre christin men I can tell heir 405,9.
And said that thay war devils or dragouns 236,18.
Hes left nocht that I may avow to me 271.12.
In Asia, Affrik and mony far countre 286,17.
With that thay partit all and ʒeid to bed 317,14.
Ane soverane bounte hes him distanit here 117,3.

Ferner 29,15; 127,12; 182,28; 194,4; 199,28; 200,31; 202,3; 208,22; 210,20; 213,21; 230.31; 242,32; 243,17; 248,33; 294,10; 302,23; 305,6; 328,11; 367,23; 372,31; 375,30; 389,4; 396,1; 402,32; 407.8; 425,26; 437,14 u. a.

2. Enjambement.

Nicht allzu selten werden im B. A. Satzglieder, die dem Sinne nach eng zusammengehören, durch den Versschluss getrennt. Derartige auffällige Enjambements sind z. B.

Bot of his Constabill that was
Takin in hart richt wa he was 73,27.
And said that Ferrand sould be dere
Bocht, or ony that mother bere
Him had away, but he him stall 354,25.
Quhen Caleos feld that he was sa
Woundit, I warne ʒow, he was wa 361,12.
In evill tyme neir thy avowis ware
Maid, quhare thow this hynder day
Avowit . . . 417,28.

3. Der Reim.

Der Dichter hat sich das Reimen ausser durch Anwendung zahlreicher formelhafter Flickwörter und Füllphrasen auch dadurch wesentlich erleichtert, dass er unbedenklich Silben mit dem Nebenaccent den Reim tragen lässt. So reimen übereaus häufig die Endungen -and, -ing bald mit sich selbst, bald mit Wortstämmen, die auf -and, -ing ausgehen. Ebenso sind die unbetonten Endsilben -ly (ne.-lic) und -y (ne. -ig) als Reimsilben sehr beliebt. Dass sogar die Flexionen -is, -it, -in, die Komparationssuffixe -er und -est sowie die zur Bildung der nomina agentis

verwandte Endung im männlichen Reime stehen können, haben
wir schon weiter oben bei Besprechung dieser Endungen gesehen.
Die Reime im B. A. sind meist schlicht und kunstlos und
bieten im Verhältnis zur Länge des Gedichtes wenig Auswahl
oder Abwechslung dar. Gewisse Kombinationen von Reimwörtern
kehren ständig wieder.

Da manche Reimausgänge ungemein zahlreich vorkommen,
z. B. -y bei ca. 700, -ing bei 375, -é bei über 600, -ay bei ca. 300,
-a bei über 200 Reimpaaren, so haben bisweilen zwei auf einander
folgende Reimpaare denselben Reim, eine Erscheinung, die auch
im „Guy of Warwick", „Bruce", bei Wyntown und anderen nicht
gerade selten ist. Vgl. „The Orygynale Cronykil of Scotland" by
Andrew of Wyntown, ed. David Laing, Edinburgh 1872, Preface
p. XLI. — Dieser Fall, dass also vier Verse hinter einander unter
sich reimen, hat im B. A. mehr als sechzigmal statt, und zwar
erscheint hierbei der Reim -y: *4,1; 37,31; 39,3; 69,19; 101,28;
129,18; 147,21; 148,25; 162,5; 211,13; 227,17; 235,28; 241,4;
242,23; 280,28; 322,15; 405,31; 420,10.* -e: *12,28; 93,24; 97,9;
99,17; 128,6; 138,10; 191,27; 260,24; 283,28; 308,6; 403,24;
440,22; 440,32.* -ing: *82,1; 97,15; 109,31; 175,15; 208,19;
280,20.* -eid: *103,22; 283,2; 391,24.* -eir: *63,10; 95,18; 143,24;
255,22.* -air: *52,4; 294,32; 371,24.* -is: *304,22; 304.30; 119,8.*
-oun: *202,13; 282,12; 302,19.* -us: *186,7; 387,24.* -aill: *14,22;
140,22.* -ais: *345,11.* -ay; *6,15.* -icht: *118,12.* -ine: *249,9;*
-age *342,27.*

Zweimal wiederholen sich dieselben Reimkombinationen hinter
einander: *avice: price: avyse: pryse* 145,28; *still: will: still: will*
155,9.

Was das Geschlecht der Reime anbetrifft, so ist die Zahl
der weiblichen Reime sehr gering. Da das unbetonte End-e bereits als verstummt zu betrachten ist, so sind Reime, die auf
dasselbe ausgehen, als männlich anzusehen. Für den weiblichen
Ausgang kommen hauptsächlich die Flexionen -is und -it in Be-
tracht, insoweit nicht durch Reime wie *gais: face, fais: pas* u. dgl.
der Vokal der Endung als synkopiert erwiesen wird. In drei
Fällen erscheinen die selbständigen Wörter *is, it* im weiblichen
Reime mit den Flexionen -is, -it gebunden: *allow it: avowit* 372,31;

fellit: *tell it* 411,13; *batallis*: *counsale is* 311,24. — Andere ge-
brochene Reime kommen nicht vor.

Seltener als -it, -is finden sich folgende Endungen im weiblichen Reime:

-in: *gamin*: *samin* 131,14; 159,25 etc. (7 mal); ferner 12 mal
in Reimen starker Participia.

-er: *shunder:under* 34,7; 37,17; 279,28; 390,6; 397,24;
undir:wundir 417,5; *shundir:wundir* 397,4; *thidder:togidder* 384,24;
recover:discover 169,15; 273,15; *dissever:never* 229,3; *Alexander*:
Salamander 152,7; *brother:other* 116,4; 330,21; 426,26.

-ow: *forrow:sorrow* 127,24.

-ble: *semble:trimble* 357,20.

Die weiblichen Reime bilden ungefähr 3,7 % der gesamten
Reime.

Untersuchen wir die Reime mit Bezug auf ihre Genauigkeit,
so zeigt sich zuvörderst hinsichtlich der Quantität der Reimvokale,
dass nicht allzu selten Längen mit Kürzen gebunden sind; z. B.:
chin:fyne 386,32; *in:mine* 430,13; *in:syne* 306,22; 410,23; *in:fyne*
92,20; 277,28; 376,30; *cummine* part. *:devine* 336,3; *flourishis:pris*
286,22. — Auch *is* und *I wis* werden oft mit langem i gebunden:
is: *mercyis* 356,10; *: devise* 256,4; *wis:devys* 235,7; *: cowardis* 263,26. —
hale: sall 215,19; *then:tane* 117,10; 247,8; *:allane* 241,25; *lemmane*:
gane 263,20; *:tane* 233,28; *set:feit* 225,21; *:meit* 429,21; *sickness*:
at eis 310,1. — Bei den Wörtern *has, had, was, weill*, welche in
der Regel mit langen Vokalen reimen, ist wohl eingetretene
Dehnung der ursprünglichen Kürzen anzunehmen.

Auch die Qualität der Reimvokale zeigt mancherlei Ungenauigkeiten. Von den noch als unrein anzusehenden Reimen a:
ai und e:e+gutturalis ist schon oben in der Lautlehre die Rede
gewesen, ebenso von solchen unreinen Reimen, die sich durch die
unbestimmte Aussprache der Vokale in Nachsilben oder durch
Suffixvertauschung erklären lassen. Diejenigen Fälle, in denen
die Ungenauigkeit oder das gänzliche Fehlen des Reimes durch
mangelhafte Ueberlieferung erst nachträglich in den Text hinein-
gebracht wurde, werden weiter unten in Kap. VIII behandelt
werden.

Wie so viele andere me. Denkmäler zeigt auch das B. A.
Beispiele von e : i Reimen. Dieselben betreffen zumeist auslauten-

des è oder i (y) und sind dann durch die schwankende Qualität nachsilbiger Vokale leicht zu erklären: *child* : *feld* 340,17; *child* : *eild* 439,2; *worship* : *keip* 258,30; 415,29; *mantell* : *till* 195,1; *keynd* : *freynd* 135,26; *hardy* : *to be* 270,17; *bysse* : *to be* 150,12; *penny* : *be* 308,6; *uterlie* : *be* 168,26; *trewlie* : *le* 160,1; *courtasle* : *to be* 272,17; *suddanlye* : *cherite* 440,31; *cowardy* : *obey* 152,31; *commonly* : *privaty* 405,32; *velany* : *rialte* 266,17; *velany* : *thre* 283,28; *barny* : *courtasy* 197; *barny* : *halely* 248,10; *melancole* : *be* 283,30.

Unrein sind ferner folgende Reime: *preiss* : *rais* 398,26; *alwayes* : *preis* 370,22; *elephantis* : *instrumentis* 138,26; *sone* : *doune* 121,2; *sone* (ae. sunu) : *fyne* 435,8.

Verschiedenheit der Konsonanten, also blosse Assonanz, liegt in folgenden Fällen vor: *shame* : *gane* 15,10; *bargane* : *lame* 396,6; *grome* : *sone* 122,28; *levit* : *sesit* 151,1; *clovin* : *dosin* 80,25; *swith* : *belyfe* 151,31; *blyth* : *lyfe* 355,21; 372,24; *shupe* : *tuke* 399,32; *visantis* : *flankis* 385,18; *first* (ne. first) : *brist* 259,21; : *list* 162,25.

Ueber die Reime -nd : -nt und -ing : -yne vgl. p. 44 ff.

Dass unser Dichter bei reimenden Eigennamen sich die weitgehendsten Freiheiten erlaubt, hat er mit den meisten seiner Zeitgenossen gemein. Vgl. Buss, Anglia IX 508. So finden wir einerseits Reime wie *Grece* : *space* 62,24; *Ydeas* : *Tears* 326,21; *Betys* : *was* 59,26; : *face* 155,29; : *ioyus* 155,14; andrerseits begegnen die gleichen Namen, je nachdem es gerade Reim oder Metrum erfordert, in den mannigfachsten Formen. Um nur ein paar Beispiele anzuführen; *Fesonas* 113,29; *Fesones* 127,2; *Fesoun* 358,7; *Fesony* 147,23. — *Ydeus* 135,3; *Ideas* 160,21; *Idea* 159,13. — *Arresté* 26,3; *Arrest* 229,24; *Arrestes* 255,10. — *Lyoun* 2,7; *Lyones* 114,31; *Lyonell* 5,23. — *de larace* 140,28; *de laris* 114,25. — *Bauderis* 146,23; *Baudare* 197,29. — *Ydory* 162,7; *Ydorus* 123,22; *Idore* 358,1. — *Pincarne* 133,14; *Pincarny* 186,30; *Pincarnine* 368,27. — Ja wir finden sogar den Reim einfach durch willkürliche Anhängung der Endung -is hergestellt : *Tholomeris* (Nom.!) : *knichtis* 320,1. — *Emynedounis* (Nom.!) : *tounis* 39,1.

Gegenüber diesen vielfachen Mängeln des Reimes findet sich auf der anderen Seite nicht selten reicher oder leoninischer Reim. Derselbe wird freilich oft einfach dadurch bewirkt, dass Suffixe oder Kompositionsglieder mit sich selbst gebunden werden, so

überaus häufig die Endung -ly, ferner -ness 32,19; 47,18; 61,24:
158,15; 190,1; 287,8; 296,26; 382,8; -ment 125,2; 162,21; 218,23;
235,32; 260,10; 268,13; 380.4; 403,12; -heid 43,8; -ship 296,2;
-fully 162,19; 194,2; 279,24.

In folgenden Fällen reimt ein Wort mit sich selbst (rührender Reim): *ma : ma* 21,6; *was : was* 73,27; *hew : hew* 160,25; *than :
than* 212,1; *syde : syde* 388,19; *wrocht : wrocht* 395,22; *ar : are*
433,12 (oder ist *war : are* zu lesen?); *syne : syne* 249,10 (oder ist
fyne : syne zu lesen?).

Reime von Homonymen sind: *awe* (ae. âgan) : *aw* (an. agi)
12,24; *heir* (Adv.) : *heir* (Verb.) 255,22; *sa* (ae. swâ) : *sa* (ae. secgan)
73,25; 130,32; *lay* (afrz. lay) : *lay* (pract.) 431,32: *anour* (Verb.)
: *honour* (Subst.) 372,29. — Sehr beliebt ist auch der Reim *zet* (ae.
geat) : *gate* (an. gata) 180,9; 181,23; 187,25 etc.

Ein Kompositum reimt mit seinem Simplex oder verschiedene
Komposita gleichen Grundwortes reimen unter einander: *dischargit : chargit* 157,11; *recover : cover* 273,15; *discover : recover* 169,15;
honour : dishonour 281,6; 418,7; *distrenzeis : restrenzeis* 165,29;
belyve : on lyve 24,20; *adu : to do* 374,6; *evermare : namare* 251,15;
evermare : nevermare (Konjektur) 413,22; *anes : attanes* 392,10; *ane :
everilkane* 57,12; *alane : everilkane* 192,17; 184,23; 291,16; *ane :
ilkane* 224,5; *away : allway* 45,26; *ere : langere* 436,2; *sa : alswa*
281,8; 100,31; *swyth : allswyth* 276,30.

Häufig erstreckt sich der Reim nicht bloss auf die letzte
betonte Silbe, sondern auch noch auf die vorhergehende Senkung,
oft sogar noch viel weiter in das Innere der Verse hinein, wobei
dann aber meist die Konsonanten zwischen den reimenden Vokalen
nicht ganz übereinstimmen (Intermittierender Reim, cf. Ten Brink,
Chaucers Sprache und Verskunst § 332). Um aus der grossen
Zahl der hierher gehörigen Beispiele nur die auffälligsten zu
nennen: *that was richt : that was wicht* 31,7; *maid melling : taill telling* 82,1; *and this hething : and this speiking* 135,14; *he can on
lais : he can on brais* 141,22; *that was wele provit : that was wele
lovit* 150,7; *baith goud and ill : baith loud and still* 191,5 *without
wrething : without lesing* 208,19; *wraithfully : haitfully* 279,24; *he was
sa : he was wa* 361,12; *in the sheild : in the feild* 361,20; *travell and
hete : travell and swete* 375,4; *all to schoke : all to quoke* 396,26; *blude

and brane : moid and mane 408,10; *war full glad : war . full mad*
416,29.

Ausser durch den Endreim schmückt der Dichter seine Verse
hin und wieder gleichzeitig durch Binnenreim. Dieser tritt am
häufigsten, in etwa 100 Fällen, in der Form auf, dass die zweite
Hebung, hinter welcher dann meistens eine mehr oder minder
starke Caesur steht, mit der vierten Hebung desselben Verses
reimt, z. B.

> *The King he rais and furth he gais* 108,27.
> *He is tane, bot we have ane* 247,3.
> *Now lat us twa toyidder ga,* 370,27.
> *Richt as it war ane baittit bair* 90,22.
> *And the Bauderane him hynt agane* 374.30.
> *To wyfe that was sa fare of face* 438,3.
> *For quhan I se hir forow me* 163,23.
> *And quhill I sie sa great mellie* 20,22.
> *Ane great rude spere and schairp to schere* 63,23.
> *Said Gaudifeir : Fare sister deir,* 213,30.
> *And Arreste sall with the be* 344,5.
> *Alexander sent him to his tent* 376,22.
> *Mene gentill knicht upon zour hecht* 67,13.
> *Agane hir will to do nane ill* 134,24.
> *And lufe I will baith loud and still* 134,29.
> *Of zon twa knichtis that zonder fechtis* 145,26.
> *Bot worship is away I wis* 309,30.
> *Fulfill sum thing of zour zarning* 438,20.
> *May ze him slay, thir folke perfay* 364,30.

Ferner 13,16; 15,9; 27,26; 38,26; 45,15; 160,3; 167,5;
171,5; 178,28; 188,24, 212,20; 216,5; 228,3; 281,29; 299,13;
301,30; 309,29 ; 311,8; 330,8; 339,21; 347,8; 389,14; 391,12 etc.

Andere Formen des Binnenreims begegnen weit seltener
und verdanken ihre Entstehung wohl durchweg dem Zufall. Es
reimen beispielsweise innerhalb desselben Verses die Hebungen

1 : 2. *The poun fell doun flichterand fast* 251,6.
> *And gart thame part without mare skaith* 222,3.
> *Raid and maid sik disciplyne* 386,11.

1 : 3. *That spekis on law and strekis on hie* 141,13.
> *The poun than set he doun in hy* 276,6.

1 : 4. *For the it sall amendit be* 189,11.

    Thare fais the flicht upone thame tais 385,31.

2 : 3. *And with his brand in hand all bare* 400,20.

    That he had sped his neid alswyth 296.19.

3 : 4. *Gyrdit fast by and socht him nocht* 143.7.

    Quhat better can I pray him say 171.27.

    And sum of us will say perfay 178,19.

Endlich findet sich in ungefähr 25 Fällen noch in der Weise Binnenreim, dass je die zweiten Hebungen desselben Reimpaares mit einander gebunden sind, z. B.

Cristall hair and sumdele broun,
His hede he bair as ane lyoun 22,2.
For on tysday, ʒe sall thame se
Isch to the playe with thare menʒe 308,8.
This great bounte may nocht be quyt;
God grant that we may deserve it. 429,17.

4. Allitteration.

Neben Endreim und gelegentlichem Binnenreim macht der Dichter zur Ausschmückung seiner Verse reichlichen Gebrauch von der volkstümlichen Allitteration. Doch beschränkt sich diese fast ausschliesslich auf konsonantisch anlautende Wörter. Vokalischer Stabreim kommt so selten vor, dass er schwerlich vom Dichter noch als solcher empfunden wurde, so dass wir von ihm im folgenden ganz absehen können. Konsonantenverbindungen reimen sowohl unter sich als auch mit einfacher Konsonanz; z. B.:

Sum stryke with sword and sum with speir 35,13.
On syde sa stoutly he him straik 39,15.
With speris and swordis was slane his stede 145,2.
And straik his steid with spurrus swyth 141,25.
The brais and buklis brast in twa 102,5.
Gif God will gif me grace thairtill 28,3.
And purchessis pryse in places sere 221,16.

Statt der Hebung kann wohl auch die Senkung die Allitteration tragen, sobald schwebende Betonung vorliegt und demnach der natürlichen Betonung gemäss der Hauptaccent auf der Senkung ruhen müsste, z. B.:

Quhill on the morne in the morning 3,15.
And quha the hart hes maist hardy 8,4.
Stalwart, stith and weil sterand 9,1.
He sall not sie us on lyfe lefand 15,23.
Strykand great straikis with brandis bair 56,15.
His bricht brand in his hand he had 85,1.

Dem Durchschnitte nach ist nahezu jeder dritte Vers durch Allitteration geschmückt. Dieselbe kommt mit deutlich hervortretender Absichtlichkeit besonders in den einleitenden Naturschilderungen pp. 107,1 ff und 248,16 ff zur Anwendung und findet sich ausserdem überaus häufig gerade an solchen Stellen, welche die Darstellung von kriegerischen Vorgängen zum Gegenstande haben. Der Grund hierfür ist ohne Zweifel der Umstand, dass für derartige Schilderungen der überlieferte Schatz althergebrachter allitterierender Wendungen besonders reichhaltig und ausgiebig war. Denn wenn man auch unserm Dichter ein gewisses Geschick im selbständigen Erfinden neuer Stabreime nicht absprechen kann, so hat er doch in den weitaus meisten Fällen die Allitteration durch Anwendung von allgemein gebräuchlichen, typisch wiederkehrenden Redeformeln herbeigeführt. Sondert man diese letzteren nach dem Vorgange von Kölbing, Regel, Lindner u. a. auf Grund des inneren Zusammenhanges der stabreimenden Wörter, so lassen sich für das B.A. folgende Hauptgruppen unterscheiden.

a) Begrifflich übereinstimmende, verwandte oder entgegengesetzte Worte:
battellis and baneris 7,22: *brokin nor bowit* 11,17; *brane nor bane* 92,31; *brais and buklis* 102,5; *his beird, his browis* 109,11; *thy blis, thy bale* 111,32; *blew and burnat, blak and bla* 107,5; *with bow and brais* 175,22; *brasin and broun* 206,11; *with bodeis, breistis and sheildis* 287,22; *brane and blude* 383,28; *brand or byrnie* 436,31. — *hir cheke, hir chin* 166,27. — *deid and done* 24,28; *deid or disseit* 232,9; *devils or dragouns* 236,18; *nouther for dreid na deid* 328,30; *ding and dusch* 379,12; *duschis and dyntis* 398,16. — *forgit and formyt weill* 42,28; *fair and fyne* 92,20; *defoulit with feit and all to fruschit* 144,29; *fresche and fyne* 148,8; *frely, fresch and fare* 152,5; *further and fill* 183,29; *fax and face* 198,12; *fare and fetas of gud fare* 205,10; *fare and fetas and fre* 205,32; *figure and face* 257,7; *fynis and fulfill* 328,29; *fecht or fle* 332,31; *fare and fere*

334,22; *fers and fell* 362,11; *forsy and fell* 412,20; *nouthir fend nor fale* 416,28; *freind or fa* 418,16; *mekill feste and fare* 433,20. *gude and gay* 154,13; *girdill and gold* 154,32; *with glaidschip, gamyn and with gle* 170,6. — *helmis and heidis* 20,4; *hors and he* 36,4; *hede nor hare* 103,3; *helme and haubrek* 132,31; *hyne or heir* 199.32; *hart and hand* 205,30; *hard and hideous* 226,12; *hurt or haill* 226,16; *handis and heidis* 233,4; *to hyde na be keland* 269,30. — *joyfull and glaid, joly and gay* 234,23. — *King and Casare, knicht and knaif* 112,32; *cattell and ky* 3,2; *courtes and cunnand* 128.28; *to clap or kis* 153,15; *knaw or ken* 177,3; *cruell and kene* 271.1; *crous and kene* 384,12. — *lever and lungis* 89,28; *lang and lyart* 109,12; *to lest and leif* 171,18; *lele and luffand* 178,32; *lemman and luffare* 205,9; *lang and large* 221,29; *lufe and loving* 265.4; *lufe and laute* 300,15; *lord and ledar* 313,18; *lufe and ladeis* 317,4; *baith to lufe and leif* 327,26; *lady and lemman* 333,32; *lyfe and land* 392,11. — *mare and min* 98,8; *with mude and mane* 109,26; *with mone and micht* 126,9; *mekill and manly maid* 219,18; *myld and moy* 274.7; *myrrie and moy* 440,6; *sa mate, sa mad* 417.12. — *perell and pane* 52,23; *perill and perplexitie* 28,1; *pale and pers* 107,7; *poleist and plesand* 129,23; *proffer and present* 274,27; *presoun and pane* 421,17; *in pillour and in paill* 429,2. — *to ryde and rush* 144,28; *riches, rentis and citeis* 199,22; *rushand and rugand* 375.3; *sa revin, sa rent* 375,21. — *say and swere* 62,4; *syte and sin* 109,6; *se and persave* 161,9; *silk and silver* 207,4; *samyng and seir* !99,31; *save and sese* 253,21; *unsound and seik* 270,11; *sterne and stout* 38,17; *stith and stout* 51,1; *stoutnes and strenth* 80,15; *stark and sture* 108,30; *sture and stith* 115,31; *stith, stark and strang* 117,18; *starting aud stamping* 137,4; *stout, stalwart and hardy* 280,30; *sturde stokking and stamping* 322,22; *styth and stalwart* 371,24; *staker and stynt* 397,29; *stark and stout* 405,13; *swap and swyng* 406,30; *stark, stalwart and sturdy* 329,14; *speke and spere* 123,25; *spare or spill* 418,6. — *shulderis and sheildis* 64,8; *shaft and sheild* 142,32; *short, sharpe and scherand* 416,19; — *toun and tour* 30,15; *trumpettis and and taburnis* 44,26; *but turne or tuke* 375,2; *fra the top to ta* 68,18; *top our tail* 72,8. — *wery and woundit* 12,2; *weill and wourthy* 142,10; *weill and wittely* 148,16; *wyse and wyly* 156,5; *wordy, wicht and wis* 191,22; *for weill or wa* 220,27; *wyse and witty* 270,32; *writhe and wring* 393,13; *werye and weit* 422,5.

b) Substantiv mit attributivem Adjektiv oder Particip.

bald baroun 19,22; *brandis bricht* 9,30; *browis brent* 21,31; *broudin baneris* 26,26; *baner braid* 52,18; *brandis bair* 56,15; *ane baittit bair* 90,22; *burneist brandis* 54,31; *bemis bricht* 108,26; *barnage bald* 118,11; *blyth blenkis* 251,30; *breistis braid* 236,2; *byrneis brycht* 270,6; *beirneis bald* 296,23; *with bodeis bare* 359,24; *bludy brand* 386,26. — *douchty duke* 15,16; *deidly dynt* 40,6; *douchty dede* 88,27; *drychtin deir* 431,7. — *farar figure* 113,30; *fare effere* 284,22; *freshe effere* 126,22; *felloun fecht* 55,16; *grene gras* 382,18; *gravis grene* 109,9; *herauldis hare* 298,6. — *the King sa kene* 197,15; *colour cleir* 166,25; *cumly knichtis kene* 204,32; *craftis kene* 248,21; *crouned King* 268,15; *carpettis clene* 330,26; *craked crounis* 387,32. — *lymmes fare and lang* 117,19; *lemmens leil* 281,17; *laser lang* 372,4; *on mony maneris* 206,10; *mekill micht* 2,11; *mekil mane* 46,23; *mekill martirdome* 66,9; *mery May* 107,1; *mony a michty man* 408,2; *mony a madin* 409,15. — *notis new* 430,4. — *routis ryde* 35,6; *ruid rummill* 57,2; *sa ryde ane rap* 372,18. — *suddan sicht* 259,3; *sair siching* 27,8; *on sydis sere* 179,16; *semely sang* 274,2. — *stalwart speir* 5,27; *startand steidis* 3,22; *stalwart stour* 5,16; *stalwart steid* 31,15; *sturdy straik* 57,10; *stalwart stale* 396,2; *stalwart steill* 401,26; *stalwart strakes* 410,22; *his sheild sa shene* 65,29; *schynand sheild* 408,4. — *this warld sa wyde* 13,3; *winful wedis* 107,10; *wicked will* 188,20; *woun dis wyde* 222,8; *weddit wyfe* 425,32.

Dieselben Substantive und Adjektiva kommen grossenteils auch als Subjekt und Prädikatsnomen verbunden vor.

c. Verbum und Adverbium.

bere baklingis 30,3, *beir butlingis in* 31,4; *burneist bricht* 54,31; *abyde baldly* 142,27; *bere doun bakwartis* 222,24; *beir baldly* 377,4. — *doungin doun* 272,16; *dusch doune* 33,31. — *fecht felly* 223,15; *fecht fast* 80,16; *fecht fellounly* 80,11; *fecht enforsitly* 221,30; *freshely flowand* 16,13; *fle fairly but affray* 45,12; *follow fast* 132,7; *fare furth* 219,9; *fell flatlingis in the feild* 359,29. — *glide gruflingis to the ground* 91,8; *togiddir ga* 46,1; *geif greatly* 119,20; *gaily girdand* 142,23; *ga agane* 387,27; *handle hait* 367,5. — *cled cleinly* 238,23; *inclyne full courtasly* 201,20. — *lanse deliverly* 46,7; *leip on deliverly* 60,13; *lufe lelely* 155,1; *lauch lufsumly* 275,2; *lauch full loud* 393,4; *leve lang* 411,25; *lay law in lame*

442,15. — *manly maid* 22,4. — *neith neir* 406,31. — *rush rudely*
144,28. — *set sadly* 66,5; *suithly for to say* 34,24; *sowe full sair*
87,23; *set samyng* 225,21; *sa to say* 257,23; *swyng swyftly* 33,11;
smite smertly 240,27; *sharpely shere* 5,20; *shynand shene* 44.25;
shirly shyning 47,17; *strike stoutly* 55,17; *stand still* 109,32; *start*
up stythly 231,27; *strenẓe sturdely* 356,22; *straitly stad* 60,32. —
wele I wait 77,9; *I warne ẓow weill* 139,32; *wit ẓe weill witterly*
301,25.

d) Verbum und Objekt.

abyde the battell 16,16; *by the bargane* 31,24: *brouk the blis*
134,31; *beff the busk bare* 205,13; *blissing mot thow bere* 350,8;
beat buffettis 370,15; *braid out brandis bricht* 370,13; *bere brand*
or byrny bricht 436,31. — *ding dintis* 43,3; *dreid to de* 33,16; *do*
his devore 321,23; *dreid the deid* 391,12. — *to fecht my fill* 126,1.
— *gif grace* 28,3; *ga his gait* 86,24. — *hald ẓour hecht* 113,16;
handis to hew and hedis 245,27. — *leir laittis and lessons* 41,20; *leif*
the land 114,18; *lede a lyfe* 224,19; *lose lyfe and land* 392,11. —
message ma 11,14; *mak melle* 51,11; *mak admonising* 98,2; *mak*
mannance 101,27; *mak his mane* 103,10; *mak manrent* 108,16; *mak*
martir 144,14; *ane mariage for to ma* 159,14; *mak mirth* 248,19;
melancoly mak 268,8; *mak marring* 323,28. — *new the notis* 107,3.
— *purches pryce* 265,19. — *reik ane rout* 6,4; *reve resting* 167,14;
rin ane race 282,14; *reik rimmillis* 366,23. — *succour send* 7,31;
serve ẓour soldis 61,6; *suth to say* 80,29; *set ane seage* 116,16:
save our saullis 442,24; *shaftis to shaik* 77,28. — *stere ane steid*
5,24; *strek the steid* 57,24; *strike the steid* 58,30; *swyng swordis*
33,11; *swap out the sword* 5,29; *spend a speir* 35,3. — *tak tent*
4,32; *tell tythingis* 15,32; *tyne travell* 120,9; *tak treux* 247,11; *he*
tynt his tyme 376.20. — *worship to win* 284,6; *worke wrang* 116,1;
wapnes weld 198,27; *wirk ẓour will* 201,18; *weild wirship* 216,26,
— *thirl the thrang* 44,11.

e) Verbum mit präpositionaler Bestimmung.

bere throw the bodie 4,25; *byde in battale* 7,1; *bathit into*
braine and blude 53,3; *baithit into blude* 59,20; *boundin in baill*
107,12; *byde in buschment* 182,7; *blenk with blis* 241,21; *bathit in*
the body 411,27; *bring on bere* 414,28. — *die with dule* 17,5; *dun*
gin to deide 36,7; *drede for dintis* 148,10; *douchty in dede* 221,3;
damned in destane 335,22. — *fall under feit* 56,18; *fecht in the*

The

74

fore front 80,4; fecht with force 82,29; fle fra the ficht 89,4: fle on far him fra 90,24; fecht on fute 145,19; fecht but affray 149,1; fecht in the feild 196.18; fell throw fors in the fecht 227,6; defoulit under feit 270,9; follow in the fecht 361,15; fell flatlingis in the feild 359,29. — glfide to the ground 91,8; gravin in grene 114.2. — hit on the helme 47,30; hntz in hy 51,17; hynt by the hand 249,31; hald in hand 379,6; heve on he 413,5. — carved with craft 184,30; call to counsall 159,8; keip fra care 240,11. — leme on licht 52,17; luk in lufes lace 108,8; leif in liege pouste 190,13; laucht in lufe 340,b. — mesure in the meid 59,17; moved in his mude 269,15; manas with micht 219,3. — plunge in the preis 31,1; prek in the preis 36,19; put to pryse 110,16; preif in the preis 365,23. — rin in rais 398,26. — sit in sadill 34,4; semble in ane sop 51,19; set in assay 90,17; sit on sege and silkin weid 155,26; set to saill 343,13; semit of semet 351,4; sing of soundis seir 248,18; swap fra the swyre 391,30; swap and swyng with sword 406,30; shaik in shevers 102,2; schere in schevers 282,5; steir in ane stour 17,23; stride on stede 25,24; strenze stythly in sterapis 38,1; start out of stale 54,25; stere out of staill 65.11; stand in stour 343,22; stynt on the steill 401,26. — tell with toung 375,11; turn in tenis 109,29. — waiffand to the wynd 8,17; wend on way 109,18; were fra wa 157,3; I wait foroutin wein 310,22.

f) Substantivum mit präpositionaler Ergänzung.

the baneris in the brcount before 71,2; — for dreid of deid 19,8; for dout of dede 31,12; dalz of duschis and dyntis 398,6; dyn of dyntis 389,23; douchtynes of deid 409,10. — fallowis in the fecht 20,19; foullis in the forestis 107,2. — helme on heid 57,15; knycht of kytchyne 409,8. — low of lufe 263.11; lufe of lady 413.23. — murning of musardy 107,28; men of mane 69,4; Inmiddes the moneth of May 248,16; myrth of menstrally 274,3; man of micht 286,28; michty men of mane and mude 318,6. — throw strenth of steid 142,28; strakes of strenth 410,5. — welth at waill 107,11; words of wynd 136,24.

g) Adjektiv mit präpositionaler Ergänzung.

bla of blude and ble 412,26. — desy for the dint 60,19; douchty in deid 271,26. — fair of feir 22,25; forsy into ficht 193.16; fell in feir 225,26; formest in the fecht 226,17; ferly fare of figure and face 257,7; full of fecht 374,8. — gaily in his gere

379,19. — *hardy of hart and hand* 175,28; *tak hevy in hart* 189,28; *hale of hurtis* 240,32. — *cortes with corpis* 152,18; *cumly of corps* 45,22. — *lele in laute* 299,6. — *nuist of mane* 96,26; *sa mekill of micht* 8,19; *michty in his mynde* 295,31; *meik in all his mekill micht* 321,26. — *in the stour sa sturdely* 31,20; *styth in stour* 122,32; *stark and styth in stall* 282,22; *stalwart in stryfe* 335,8. — *tyred in travaill* 126,24. — *wourthy into weir* 93,7; *wyse in weir* 30,1; *wicht in weir* 35,14; *wode for wrathe* 115,23.

h) Präposition und Substantiv.

with that word 67,32; *before his feris* 75,11; *but abaid* 86,11; *part fully fra the fecht* 48,28; *far fra his feris* 130,4; *with gude will* 190,15. *before his fallowis* 284,7, *amang the men* 327,19; *by the brydill* 230,25.

i) Kopula und Prädikatsnomen.

be the better 380,2; *be thow bald* 112,3; *that war sa wicht* 29,6; *that wourthy ware (was)* 48,2; 36,31; *richt wa he was* 73,28; *I woxe neir wode* 115,23.

k) Subjekt und Vorbum.

The blude out brast 59,18; *quhen day had dicht* 108,25; *flagmontis flaw him fra* 100,4; *flew the fyre* 357,6; *foule him befall* 16,2; *ferly oft fallis* 177,29; *gif god will gif me grace* 28,3; *gif god grantis* 191,29; *his sheild that shynit bricht* 102,4; *gif that zour willis weir* 197,20; *gif weirdis will* 262,21; *gif the were na war* 304,28.

l) in Vergleichen.

bald as bair 74,30; *swifter than foull of flicht* 15,20; *fastar than fetter* 214,32; *thay straik as fyre of flint* 243,33; *fell as fyre* 396,31; *that better luffit fecht than fisch the flode* 333,16; *as hard as hors micht rin in rais* 398,26; *ridder than rose on rys* 209,7; *styth and stark as steill* 364,1.

m) Vermischte Beispiele.

fare to feill 155,5; *stalwart to stand* 175,27; *fresch to fecht* 226,32; *fell to feill* 230,18; *shairp to schere* 353,10; *fall doun with dule* 31,6; *dissy deid* 223,24; *fall deid doun dissaly* 55,4; *in ane randoun richt* 2,28; *byde zow by* 27,21; *flaw him fra* 100,4; *I tuik hir till* 107,16; *mony ma* 405,8; *never nane* 260,6; *wounder wa* 4,9; *wounder weill* 122,4; *wonder wyse* 113,2; *wele alway* 167,10; *weill gude wane* 397,27; *ane weill gude way* 60,2; *wounder wourthy* 32,18.

n) Oft allitterieren Wörter desselben Stammes mit einander.

Die hierher gehörigen Beispiele sind, nach den vorstehenden Gruppen geordnet, die folgenden:

the or thyne 112,2; *him and his* 140,11; *ʒow and ʒouris* 24,3; *thame and tharis* 415,2; *lordis and ladeis* 251,7; *blythly and full of bliss* 203,10; *rejois jolely throw jolyte* 273,32. — *ane new barne borne* 195,20; *life levand* 358,25. — *to licht lichtly* 195,18; *wit ʒe witterly* 78,10. — *bled great blude* 103.22; *charge ane chare* 172,27; *he dois his dedes* 128,31; *draw drauchtis* 213,8; *de sum evil dede* 95,25; *giftis gif* 17,15; *pass the passage* 198,21; *press ane pras* 223.19; *set thy settis* 176,18; *strike straikis* 29,30; *we hald our halding* 19,19; *tell a tale* 116,20; *pas this pace* 11,32. — *faill in my defalt* 14,23; *knelit upon his kne* 275,1; *coverit with covertouris* 206,14; *cled with gude claithis* 244,21; *cled in blak clething* 109,13; *rejoysit for joy* 321,2; *leif in lyfe* 163,10; *se with sicht* 207,26; *tald in tale* 192,26; *serve of evill service* 25,6, *devysed at all devys* 235,7. — *bitter of bit* 62,12; *bludy of rede blude* 410,25; *worthyest in worship* 202.32 — *besyde his syde* 219,32. — *quhen day sall daw* 206,24; *the laif war left* 331,16; *the avowis ar avowit* 276,14; *the thochtis that thocht may be* 166,15. — *on the morne in the morning* 3,15; *mair bade to abyde* 235,24.

o) die beiden Reimwörter sind dieselben.

body for body 235,27; *dede for dede* 185,2; *fute for fute* 345,13; *face to face* 380,11; *hand in hand* 182,23; *corps for corps* 53,30; *more and more* 71,4; *nevoy and nevoy* 48,5; *pais for pais* 223,9; *pair and pair* 278,18; *fra place to place* 302,30; *quick to quick and deid to deid* 421,12; *fra stede to stede* 282,5; *twa and twa* 155,27; *visage to visage* 363,29; *vailʒe quod vailʒe* 140,24; *thre and thre* 305,12.

Wenn wir von den Fällen absehen, in denen sich die Allitteration auf zwei oder mehr hinter einander folgende Verse erstreckt, können wir hinsichtlich der Anzahl und Stellung der

Stäbe innerhalb desselben Verses vierzehn Möglichkeiten unterscheiden (cf. Schleich, a. a. O. p. XXXVII).
Die vier Takte des Verses seien mit 1, 2, 3, 4 bezeichnet.

1 : 2 : 3 : 4.

Sum stryke with sword and sum with speir 35,13.
The sydis of sum may sow full sair 87,23.
And said richt none he sald be sound 104,18.
Ferner *51,27*; *74,1*; *79,14*; *95,21*; *107,5*; *107,10*; *112,32* etc.
Dieser Fall begegnet im B. A. 39 mal.

1 : 2 : 3.

Thay tuik na tent to tak presounis 4,32.
The stalwart speir in sunderis brast 5,27.
Ga tell thir tythingis to the King 15,32.
Ferner *12,2*; *15,32*; *23,28*; *28,3*; *31,4*; *36,18*; *38,5*; *41,27*
42,20 etc.
Dieser Fall begegnet etwas über 100 mal.

1 : 2 : 4.

To keip thair cattell and thair ky 3,2.
His Haubrik helpit him nocht ane hair 4,26.
To flenderis flew out of the feild 5,26.
Ferner *6,6*; *15,22*; *21,31*; *33,11*; *39,15*; *54,25*; *55,15*; *75,20*
etc. ca. 90 mal.

1 : 3 : 4.

Lay to assege the toun of Tire 1,2.
To tak the nobill toun of Tyre 1,17.
Raid furth for to defend thair fee 3,19.
Ferner *9,1*; *13,3*; *14,18*; *16,26*; *21,25*; *22,14*; *25,24* etc. ca
120 mal.

2 : 3 : 4.

And squyaris wicht that with thame wair 3,10.
Aganis men sa mekill of micht 8,19.
And in the formaist front befoir 10,30.
Ferner *13,5*; *30,27*; *30,29*; *37,29*; *46,31*; *52,17*; *54,31* etc.
ca. 140 mal.

1 : 2.

Rebutit, beft and woundit sair 1,22.
The King bad Caulus and Lyoun 2,7.
The laif he let to forray ga 2,22.

Ferner *3,3*; *3,5*; *3,14*; *3,22*; *4,17*: *5,19*: *5,29* etc. cn.
610 mal.

1 : 3.

Thay buskit as thay bidding haid 2,23.
In middes the visage met thame weill 4,28.
His helme and lance baith hewin wair 5,32.
Ferner *3,18*; *6,24*; *7,15*; *7,22*; *8,6*; *9,12*; *10,10* etc. ca.
410 mal.

1 : 4.

For he that land knew halely 2,16.
That saw his men rebutit sa 4,10.
zone folk are of the oist perfay 7,11.
Ferner *8,14*: *9,28*; *10,23*; *10,31*; *11,1*; *11,12*: *11,15*: *14,10*:
17,9: *17,25*; *18,18*; *18,19*; *18,21* etc. ca. 360 mal.

2 : 3.

Past to comfort the furriouris 2,13.
Schir Sampsoun tuik thay to thair guy 2,15.
Tursit thair harnes halely 3,11.
Ferner *4,16*; *4,23*; *6,9*; *7,5*; *10,17*; *10,21*; *12,26* etc. cn.
560 mal.

2 : 4.

Quhan that he sawe his furriouris swa 4,20.
Die for the cattell that the King 4,21.
That throw the bodie he him bair 4,25.
Ferner *4,30*; *7,30*; *8,15*; *8,32*; *9,27*: *9,30*; *9,31* etc. cu
600 mal.

3 : 4.

And ane Earle of mekill micht 2,11.
That led thame in ane randoun richt 2,28.
Sa stoutly to defend thair fee 3,4.
Ferner *3,7*; *3,30*; *4,15*; *4,19*; *4,27*; *5,3*; *5,6* etc.
Dieser Fall, dass der Vers nur 2 Stäbe und diese in der
zweiten Vershälfte aufweist, kommt bei weitem am häufigsten (nahezu 1000 mal) vor. Der Grund hierfür ist der, dass die so häufig
gebrauchten allitterierenden Redeformeln zum grössten Teile
gleichzeitig einen willkommenen Notbehelf zur Herstellung des
Reimes bildeten und deshalb mit Vorliebe an das Versende gesetzt
wurden.

1 : 2 und 3 : 4.

Sould be sey cum to the toun 1,11.

Thair fais before thame sall thay sie 6,23.

Say to him but he us succour sone 12,16.

Ferner *14,27; 15,23; 22,19; 34,4; 39,2* etc. ca. 90 mal.

1 : 3 und 2 : 4.

Bot swith in hand his sword he hynt 42,27.

That forgit was and formit weill 42,28.

And set zour folk in sic affray 68,30.

Ferner *90,17; 132,17; 163,7; 180,28; 182,28; 190,27* etc. ca. 25 mal.

1 : 4 und 2 : 3.

Sterit to him in hy ane steid 5,24.

Our deidis sall be sauld sull dere 8,1.

With bodyis, shulderis and sheildis braid 64,8.

Ferner *25,14; 91,19; 96,27; 318,27; 359,9; 397,11.*

VIII.

Anhang.

Der Text des B. A. besteht, wie ihn die für den Bannatyne Club veranstaltete Ausgabe uns darbietet, im ganzen aus 13995 Versen (ausschliesslich p. 429, Zeile 1, welche doppelt gedruckt ist), und zwar entfallen davon auf den ersten Teil 3312, auf den zweiten 7832 und auf den dritten 2851 Verse.

Dabei enthält der Text des Neudruckes mancherlei Lücken und Unrichtigkeiten, für welche es dahin gestellt bleibt, in wie weit sie schon im Originaldrucke vorhanden waren.

So schliesst sich p. 111,1 nicht an das Vorhergehende an; es fehlt wohl ein Reimpaar, welches den Beginn des Nachsatzes enthielt:

Had I thame all haill and feir
About me ay to be me neir . . . . . .
Than the iles of Chalcos and Melcheis
Quhair Jason wan the goldin fleis.

Eine grössere Lücke befindet sich, worauf schon die unterbrochene Reimfolge hinweist, zwischen p. 128 und p. 129. In einer Schilderung, die Cassamus seiner Nichte von Alexanders Vorzügen entwirft, bricht p. 128 plötzlich ab, und es schliessen sich daran, ganz unvermittelt und mitten im Satze anfangend Vorwürfe des Cassamus gegen Gaudifer wegen dessen tollkühner

Verwegenheit. Die vorhandene Lücke muss nach Ausweis von p. 129,1 ff., 186,17 ff. und nach der Inhaltsangabe bei Weber I p. LXXVII oben im ursprünglichen Texte noch folgendes enthalten haben: Rüstungen zu dem pp. 125,14—126,7 geplanten Ausfall; Ideas giebt dem sich wappnenden Cassamus als Zeichen ihrer Liebe ihren Ring; mit 400 Begleitern machen Betys und Gaudifer einen Ausfall, werden aber, hauptsächlich durch die Tapferkeit Cassiels, zurückgedrängt; Gaudifer selbst gerät in grosse Gefahr und wird nur durch die rechtzeitige Hilfe seines Oheims gerettet.

Auch innerhalb p. 221 ist wohl eine Lücke anzunehmen; wir vermissen die Schilderung, wie der betäubte Floridas wieder zu sich gekommen und der Kampf erneut worden sei, ferner die Einleitung des Gespräches, das auf den Zinnen der Stadt von den dem Kampfe zuschauenden Mädchen geführt wird.

Entstellt und unklar ist der Zusammenhang p. 285, 14 ff. wiedergegeben. Auch der Reim stimmt hier nicht:

Woydis the king said lordis woydis.

Lo, wirship, armour and bounteis . . . .

Der Art nach, in der hier die Einleitung des Kampfes zwischen Lyonell und Caneus beschrieben wird, muss man zunächst glauben, es sei der König, welcher Raum zu geben gebietet, dann begierig nach Lyonells Wappenrock greift und von dem Pferde durch einen Hufschlag in den Sand gestreckt wird. Man vergleiche dagegen die Inhaltsangabe bei Weber, I p. LXXXIV: The heralds, in expectation of gaining the rich sur-coat of Lyonel, call out: „Voydis, lords, voydis", and one touching the coat-armour says: I sall have sone to my soldie etc.

In einzelnen Fällen fehlt am Versende das Reimwort. So ist zu ergänzen:

17,6: *Quhan Emynedus had hard (thame?)*

And his travell was all in vane, . . .

433,25: *Thare meissis to tell war our lang baid.*

ʒe may weill wit yneuch (thay haid)

Wyne and pymete but sparing etc.

316,1: *Gif ʒe me keip, ʒe sall have (raith?)*

Great honour and great proffeit baith.

Im letzteren Falle könnte man freilich auch scandieren:

Gif ʒé me kéip | ʒé sall háve

und dann Assonanz von *have:baith* annehmen, anstatt das als Reim zu *baith* sehr beliebte Flickwort *raith* zu ergänzen. Mit Rücksicht auf den Reim scheinen weiter folgende Aenderungen unerlässlich, die grösstenteils gleichzeitig auch durch den Sinn der betreffenden Stelle bedingt werden: 1,28: *Archade* (statt *Archarde*): *made*; cf. 116,32; 53,10. — 60,32 *stad* oder *sted* (statt *stand*): *fled*; cf. *straytly stad*, Yw. a. Gaw. ed. Schleich v. 717. — 149,23: *greionis:massidonis* (statt *greciains:massidoms*); cf. 266,15. — 160,24: *Marcurius* (st. *Marcuris*): *Venus*. — 168,1 und 425,1: *wyce*, afrz. vis, (statt *face*) r. m.*devyce*, *service*, cf. 288,8. — 182,18: *ma* (st. *me*):*ya*. — 200,31: *leis* (st. *kis*):*citeis*ₜ — 215,15: *levis* (st. *luffis*): *gevis*. — 220,10: *hakly* (st. *haky*): *hardy*. — 237,32: *we* (st. *be*): *be*. — 248,6: *eit* (st. *cit*.): *meit*. — 251,28: *gane* (st. *tane*): *tane*. — 257,32; *amuvis* (st. *anoyis*): *behovis*; cf. 174,14. — 270,10: *melle*.(st. *mell*): *be*. — 288,16: *presonis* (st. *presonens*): *ransonis*. — 302,19: *Greions* (st. *Grecians*): *pavillions*. — 317,15: *gay* (st. *day*): *day*. — 357,1: *neidis* (st. *neid*): *steidis*. — 373,5: *greions* (st. *grecians*): *massidons*. — 417,8: *ta* (st. *tane*): *fra*. — 408,9: *brane* (st. *brande*): *mane*. — 365,8 ff. ist das zweite *delyverly* durch *perfay* zu ersetzen:

> *Bot Cassamus that was worthy,*
> *Stert on fute delyverly*
> *And lap upone his hors delyverly,*
> *Bot Clarus zit in swowning lay.* 365,8 ff.

Auf Verderbtheit des Textes deutet auch wohl das Mangeln des Reimes 380,14 (*Ischit:fecht*); 439,18 (*great:baith*); 157,13 (*manere:sure*), ferner 387,24 ff. wo drei auf einander folgende Verse unter sich reimen.

Durch Umstellung ist der richtige Reim herzustellen: 374,4: *King, erle nor knycht*, (statt *knycht, erle nor King*): *mycht*. — 296,18: *glaid and blyth* (st. *blyth and glaid*): *alswyth*.

Irrtümlicherweise vertauscht erscheinen auch die Reimworte von 333,7 f. und die Verse 41,31 f., 22,24 f., 425,26 f., 207,7 f., 358,6 f. Es ist daher zu lesen:

> 333,7 : *1 wait nocht quha be dede or slane,*
> *Bot this empryse beis undertane.* Cf. 218,32.

> 22,24 : *Large he was and fair of feir*
> *And to the oist of Grece but weir*
> *Thre dayis before cummin he was.*

41,30: *His eme prayit God sould him save*
Fra dede, mischif and fra presone.
I will record zow his fassoun. Cf. Mich. 131,34 ff:
Ses oncles en faisoit mult sovent orison
Que dex le détornast de mort et de prison.
De sa très grant proecce verité en diron.
207,7: *The knichtis held speke of Clarus,*
Of Alexander and of Porrus.
358,6 : *I have great ferly, said Fezoun,*
That the best and maist of renoun. . .
425,26; *Of him dar I hardely say,*
Ane better saw I nocht this mony day.
Durch Umstellung zu ändern ist wohl auch 23,28 *God for*
his will in *for God his will.*

Zu streichen ist, weil doppelt gedruckt, die erste Zeile von
p. 429, und aus demselben Grunde je einmal das Wort *the* 372,2;
331,13; *myne* 369,30; *he* 163,19; *throw* 282,1; *hane* 305,7.

Durch Hinzufügung eines aus dem Zusammenhange oder aus
analogen Stellen sich ergebenden Wortes sind folgende Verse zu
ergänzen:

3,31: *The Oist micht weill refreshit (have) bene.*

129,7: *Our help micht lytill the (have) availzeit.*

(Oder konnte in solchen Wendungen der vom Hilfsverb ab-
hängige Infinitiv *have* fehlen? Cf. Bruce III 72:
The quethir he mycht mare manerlik
Lyknit hym to Gaudifer de Larys.)

5,10: *And fellit him (stane) deid richt thair.* Cf. 37,20;
31,26; 47,3.

12,29: *That (I) micht set na help in the* Cf. 17,26.

13,: *I wate that in this warld sa wyde*
Is (na) hors that may him ouertak.
Cf. Mich. p. 100,34:
Tant connoi cel ceval sor coi vus voi armé,
Que ne vus bailleroient tout cil qui or sunt né.

13,15: *That oft was wont for us (to) prufe.* Cf. 17,14.

52,9: *Saw how (his) fers into the ficht.* Cf. 63,2.

96,22: *Bot thame with speir or (brand) all bare.* Cf. 415,14.

136,20: *Marciane, said (he), fare sweit consine.*

(Denn dass noch immer Clarus redet, geht aus dem Inhalt des Folgenden hervor.).

152,15: (I) *hard lang ere how that Clarus*

200,1: *That but ȝow sall I never (I) wis*
Have eis na joy, myseis na blis.

211,27: *Lat now (se) quhat ȝe do thairtill.* ˙
Der frz. Text bietet hier: Or dont appertement!

240,30: *That (with) the fourriouris was tane.* Cf. 151,10.

243,27: *That neir (fyftene) about him lay.* Cf. 232,8.

253,19: *As (ȝow) ar in our presone heir.*

255,15: *Beaushir ȝe that (of) chevalry*
Enchewis the weiris and the turnans.

260,26: *Thocht (he) to ruse have na beute*

263,20: *Scho (said) I have to my lemman*

293,21: *That quha followis or quha (takis) the flicht*

296,1: *And doutit on (sa) great manere*

392,19: *Is nocht thy prowe (I) understand.*

333,19: *(The) tothir still in the chalmer is.*

361,23: *The thrid gart to the erd (he) ga.*

380,18: *Certis, said (ane) of Inde, shir knicht,* cf. 383,28.

388,27: *And schot him (till) as out of wit.*

400,3: *He straik quhill scheild and (speir) frushit was.*

408,23: *With swerd and (sheild) and arme all hale.*

Bei vier Versen, 263,7—10, fehlt je die erste Hälfte. Unvollständig ist auch wohl 210,9: *All out the chess lay.*

Diesen Stellen, an denen der Text durch das Fehlen eines Wortes verderbt ist, stehen andere zur Seite, deren Verständnis dadurch erschwert oder irregeleitet wird, dass einzelne Worte entstellt oder durch falsche ersetzt erscheinen. So sind nach meiner Ansicht folgende Aenderungen erforderlich:

14,2: *hame* statt *him.* Cf. 10,15. — 21,16 und 215,16: *deis* st. *dois.* — 29,19: *swa* st. *saw.* Cf. Mich. 110,24: *il erent si poi.* — 38,8 und 404,10: *flom* (st. *plom*) *Jordane,* cf. Mich. 114,25: flun Jordain. Zupitza, Guy 8712. — 50,22: *Had* st. *He,* wohl durch das Anfangswort *He* der nächsten Zeile hervorgerufen. Cf. Mich. 116,32: cil avoit a I poindre mult durement grevee. — 53,12: *Had* (st. *He*) *rushit.* — 55,18: *heved : reved* (st. *heid : reid*). Cf. Zupitza, Guy 1012. — 58,32: *weill.* st *will.* — 67,17: *dwell* ist Weber

a. a. O. I p. LXXV geneigt in *tell* zu ändern, doch ohne zwingenden Grund; *dwell* ist durchaus sinngemäss: Zögert der König, so ... — 64,12: *at eard* st. *at card*. Cf. 84,14. — 76,11: *He met na* (st. *ane*) *knicht*. Cf. Mich. 155,1: *et ne fiert chevalier*. — 123,23: *douchteris* st. *douches*. Cf. 186,16. — 129,12: *thing* st. *think*. — 129,24: *shene* st. *sene*. — 130,22: *savis* st. *sayis*. — 130,23: *my* st. *mytmy*; cf. 214,32. — 133,1: *thar* st. *that*. Cf. 285,9. — 133,2: *listis* st. *littis*. Cf. 143,31. — 139,1: *Thay* st. *that*. — 141,17: *playis* st. *pleis*. — 142,26: *thidder he raid* st. *hidder the raid*. — 142,4: *on* st. *an*. — 146,5: *thing* st. *thng*. — 149,28: *with* st. *wieht*. — 151,9 *thus* st. *this*. — 180,10: *will I ta* (st. *to*) *my gait*. Cf. 228,31. — 183,1: *thir* st. *this*. — 183,2: *nevin* (an. nefna) st. *evin*. — 186,6: *me* st. *we*. — 186,21: *I* st. *he*. — 192,13: *hartily* st. *hartly*. — 203,27: *He* st. *Me*. — 203,28: *mister me* st. *mistre em*. — 204,29: *as thay* (st. *the*) *lest*. — 208,27: *faill* st. *full*. — 213,27: *gamin and blis* (st. *glis*). Cf. 187,4; 326,31. — 214,25: *presoun* st. *persoun* und *festning* st. *fechting*. Cf. 249,9. — 214,27 und 296,1: *great* st. *gaeat*. — 215,32: *wend* st. *went*. — 219,10: *herauld* st. *hir held*. Cf. 293,8; 298,6; 335.28. — 219,30: *blakbare* st. *bak bare*. Cf. 233,17. — 220,24: *swair* st. *sweir*. — 221,1: *his* st. *him*. — 223,6: *forout affray* st. *astray*. Cf. 338,15. — 224,13: *Streikand his steid* (st. *speir*) *with spurris I hecht*. Cf. 137,13. — 226,1: *by* st. *be*. — 228,32: *gane* st. *agane*, r. m. *tane*. — 229,14: *Idorus* st. *Iborus*. — 233,9: *hir* st. *his*. Cf. 425,28. — 234,30: *se* st. *be*. — 237,31: *grevand* st. *growand*. Cf. 360,11. — 241,7: *by* st. *ly*. — 241,24: *feche* st. *recht* und *quhare* st. *quhars*. — 248,20: *gray* st. *gay* schlägt schon Weber a. a. O. I p. LXXXI vor. — 251,30: *samyng* st. *amyng*. Cf. 254,15; 278,21. — 252,5: *And* st. *End*. — 257,6: *sat* st. *said*. Cf. 255,10; 256,6. — 260,3: *Thay* st. *And*. — 262,4: *Caulus* st. *Cassamus*. Auf diese zweifellos notwendige Aenderung weist schon Weber p. LXXXIII hin. — 263,1: *is* st. *in*. — 263,12: *winning* st. *wnning*. — 263,25: *fulfillit is* st. *fulfillis*. Cf. 297,3; 344,6. — 264,18: *threat* st. *treat*. Cf. 419,28. — 265,12: *ryde* st. *ryne*. Cf. die Inhaltsangabe bei Weber p. LXXXIII. — 271,28: *venge* st. *vaege* und *hald* st. *had*. — 273,20: *it* st. *in*. — 277,29: *lyounis* st. *lymmis*. Cf. 31,18. — 299,9: *Sik* st. *ik*. — 301,32: *will* st. *weill*. — 310,20: *fare* st. *farne*. — 310,28: *standart* st. *stalwart*. Cf. 319,6; 316,23; 337,31. —

311,8: *to* (st. *fra*) *the west.* — 320,10: *stare* st. *plare.* Cf. 181,25.
— 321,3: *his* st. *him.'* — 326,7: *ar* st. *at.* — 327,22: *warnist* st.
wanist. — 330,1 und 331,9: *the* st. *they.* — 332,8: *men bird dout*
(st. *out*) *him.* — 356,28: *thay* st. *the.* — 361,20: *greciane* st.
grecians. — 369,10: *prekand* st. *preand.* — 371,21: *him* st.
his. — 383,14: *Ephesoun* st. *the soun.* Cf. 415,7. — 383,29: *bri-
stand* st. *bistand.* — 392,7: *and* (st. *ane*) *raucht.* — 409,26:
before st. *defore.* — 411,26: *sherand* st. *shorand.* — 413,22: *nevermare* st. *never are.* — 436,20: *fane* st. *bane*, (r. m. *mane*, ac.
mægen).

Besonders zahlreich sind die Druckfehler, welche durch Vertauschung von ſ und f entstanden sind. So muss es heissen: *desy*
st. *defy* 76,12; cf. Mich. 155,1 afolés. — *forsy* st. *forfy* 196,18.
— *slew* st. *flew* 231,24 und 383,30. — *se* st. *fe* 242,5; cf. 166,16.
— *sare* st. *fare* 334,10. — *seill* st. *feill* 335,6 und 370,25; cf.
268,1. — *sorrow* st. *forrow* 409,24.

Umgekehrt muss f gelesen werden, während der Druck ſ
bietet: *fale* st. *sale* 129,11 und 231,6. — *failʒe* st. *sailʒe* 142,16.
— *flur* st. *slur* 261,30. — *full* st. *sull* 274,12. — *mysfaris* st. *mys-
saris* 307,1; cf. 418,29. — *forrow* st. *sorrow* 349,22. — Zweifelhaft
erscheint mir auch das s in *laute syne* 249,10 und 330,9. Cf.
163,24: *in fyne laute.* — Ist vielleicht auch 349,25 dem Sinne entsprechend zu lesen: *na never sall faill* (st. *said*)?

Für anlautendes th erscheint, besonders innerhalb des ersten
Teiles des B. A., öfter y gedruckt. Das me. ʒ wird durchweg
durch z wiedergegeben.

Bei zusammengesetzten Wörtern finden wir die Kompositionsglieder recht oft getrennt gedruckt; um nur ein paar Beispiele zu
nennen:

knicht heid 107,24; *ʒouth hede* 136,31; *fare hede* 160,31;
knycht lyke 22,13; *help lyke* 50,15; *glaid schip* 424,19; *mony fald*
163,31; *thik fald* 172,26; *ham wart* 296,21; *suith fast* 373,10; *weil
fare* 295,7; cf. 295,2; *sa get* 247,13; *our tuk* 225,10; *our spred*
338,30; *under ta* 198,4; *with haldis* 155,9; *for ʒoldin* 361,10; *for
deid* 255,7; *to gidder* 197,2; *in to* 32,29; *for outtin* 126,5; *throw
out* 58,24; *thair with* 93,10; *thair in* 250,3; *thare till* 171,3; *thare
at* 236,30; *thair fore* 310,25 etc. etc.

Manchmal ist auch die Flexion durch den Druck vom Stamme

getrennt. Es müssen daher zu einem Worte vereinigt werden: *defend* und 229,6; *servand is* 149,16; *thair is* 134,2; 222,4; 366,13; *wraith it* 223,26; *grant it* 205,21; *wirth it* 149,5. Zu vereinigen sind ferner *ly till* 308,32; *he wyn* 310,31. Andrerseits erscheinen oft in einem Worte gedruckt Wortverbindungen wie *samony, samekill, satentifly, langere, salbe, wilbe.* Zu trennen ist *harnes | hartis* 136,30; *be | gane* 325,30; 293,15; *be | gottin* 338,18; *mister | is* 146,2. — 214,2 ist zu lesen *I na thocht* statt *In a thocht.* Was die Interpunktion im B. A. anbelangt, so steht am Versende fast regelmässig ein Komma, auch dann, wenn ein solches dem Sinne nach durchaus nicht angebracht ist. Nur auf den ersten Seiten des Werkes ist dies seltener; so findet sich z. B. auf pp. 5, 8, 9, 12 überhaupt keine Interpunktion ausser nach dem letzten Worte von pp. 8, 9, 12. Im Versinnern sind Interpunktionszeichen überaus selten.

Berichtigungen:

Seite 9, Zeile 1 v. u. lies Thomas statt Thmoas.

„ 15, „ 1 „ „ „ Macedoniae statt Macedonii.

„ 32, „ 6 v. o. „ *sa* statt *a.*

„ 33, „ 19 „ „ „ *and* statt *aod.*

„ 36, „ 1 v. u. „ *straik* statt *raik.*

„ 41, „ 15 „ „ „ *cald* statt *hald.*

„ 74, „ 6 v. o. „ *hynt in hy.*

„ 79, „ 3 v. u. „ *full* statt *sull.*

Vita.

Natus sum ALBERTUS HERRMANN Berolini a. d. XII. Cal
Mart. a. h. s. LXX patre Julio, quem morte mihi ereptum vehe
menter lugeo, matre Guilelmina e gente Weland, quam vivam pi
gratoque animo veneror. Fidei addictus sum evangelicae.
Primis litterarum rudimentis imbutus a. h. s. LXXXII i
quartam classem gymnasii realis Andreani Berolinensis, quo
auspiciis G. Bolze, viri doctissimi et optime de me meriti, adhu
floret, receptus sum. Ibidem testimonium maturitatis adeptus ver
a. h. s. LXXXIX numero civium Universitatis Fridericae-Guilelma
Berolinensis legitime adscriptus sum, ut in linguarum recentiun
studia incumberem. Seminarii anglicani per quater sex mense
sodalis eram ordinarius.

Per quattuor annos magistri mei doctissimi fuerunt: *Bash-
ford, Dilthey, Ebbinghaus, Geiger, Harsley, Paulsen, Roediger
Rothstein, Ericus Schmidt, Tobler, de Treitschke, Waetzoldt,
Weinhold, Zeller, Zupitza.* Quibus omnibus viris praeclarissimis
cum gratum et beneficiorum memorem animum conservabo, tum
maxime viro illustrissimo Julio Zupitza, quod summa benevolentia
studia mea adiuvit, gratiam reddo semperque habebo.